大学評価学会・シリーズ「大学評価を考える」第9巻

学生と考えたい 「青年の発達保障」と大学評価

編集：シリーズ「大学評価を考える」第9巻編集委員会
発行：大学評価学会
発売：晃洋書房

ま　え　が　き

　大学評価学会という学会があります。学会というのは特定のテーマや学問分野に関心を持つ研究者の集まりです。会員同士が研究成果を報告・批評し合うことで、その学会が掲げるテーマや学問分野に関する研究を互いに発展させていくための組織です。本書は、大学評価学会のメンバーが集まって作成しました。

　大学評価学会は小さな学会なので、その名前を初めて聞くという人も多いです。頻繁に遭遇する反応は、「なんだか怖そうな学会ですね」というものです。大学の教職員でない人からは、「大学を評価するのですか？」と意外そうな顔をされることもあります。

　あまり知られていないのですが、日本国内の大学はすべて、定期的に評価を受けることが義務付けられています（第12章参照）。大学評価には、大学自身による自己点検評価もあれば、外部の評価機関や評価委員会による評価もあります。定期的に評価を行うことは、大変重い仕事です。大学がどのように評価されるかは、現在と将来の学生さんにも、また大学が存在する地域社会にも大きな影響があります。そして海外では、大学評価に学生が参画することも多いのです（第4章参照）。

　大学評価学会では、多様な学問分野の研究者が、大学評価について研究しています。そして私たちは、学生にも大いに関係のある大学評価について、学生と一緒に考えたいと思い、この本を作ることにしました。学生だけではなく、大学という存在に関心を持ってくださっているすべての方々に、ぜひ読んでいただければと思っています。

　さて、「評価」と聞くと、なんとなく居心地が悪い気分になる人は多いようです。だから大学評価学会が「怖そう」と言われるのだと思いますが、実際はそんなことはありません（「怖い人は、怖い人だとは自己紹介しないだろう」というツッコミが入りそうですが）。関心を持ってくださった方は、大学評価学会のwebサイトをご覧いただければと思いますが、そこに「もう1つの『大学評価』宣言」というものが掲載されています。現在の日本で行われている大学評価を相対化し、大学が学生や地域社会とともに育っていけるような「もう1つの大学評価」のあり方を探求しています。

i

大学などの高等教育機関は「すべての市民のために存在」しており、学生と教職員による学びや研究の成果は、学習・研究に従事した彼女・彼ら自身のものであるだけではなく、「社会全体の貴重な成果として認識」されなければならないと考えます。「もう１つの『大学評価』宣言」ではこのような視点から、「大学評価の基本に、学生の発達保障が明確に位置づけられる必要がある」としています。

　発達保障というのは、この社会に生まれてきたすべての人には「発達する権利」があり、それを社会全体で保障していこう（すべての人の発達が保障される社会を作ろう）という考え方です。学生の多くが青年期を生きていますが、この時期は自分と仲間の発達を自分で守れるようになっていく時期でもあります（第１章参照）。そしてこのことが、私たちが学生と一緒に大学評価を考えたいと切望し、この本を作った理由です。現在の日本の大学も大学評価も、いろんな問題に取り囲まれています。それらについて共に考え、「学生の発達保障が基本に位置づく大学評価」が実現に向かう道筋を探りたいと思います。

　本書はこの目的のために、12の章を用意しました。第１章から第４章は、大学生の多くが青年期を生きていることから、青年期の特徴について知り、大学について考える章です。青年期は子ども期から成人期への移行期ですが、大学教育にはその移行を支える役割が期待されます。このことは、資格や技術・専門知識の取得といった事柄に比べると少しわかりづらいため、意外に忘れられていることも多いように思います。

　第５章と第６章では、学費などの経済的問題の背景と現状について論じています。学生が大いに学び、多様な経験をすることの価値を否定する人はいないでしょう。しかしそれが、学生個々人や個別の大学、教職員の努力ではどうしようもない要因によって阻まれているとすれば、問題だと思います。すべての青年・学生の学ぶ権利が保障される大学界であるために、多くの人にぜひ知っていただきたい内容です。

　第７章から第９章は、大学生という枠を超えて、思春期・青年期の学びと発達を取り巻く現状を深く知るための章です。大学への進学率が上昇した結果、学生の多様性は大きくなりました。同時に、大学に進学しない人たちもいます。学力的地位や社会経済的地位が異なる若者同士が互いを知る機会は、残念ながら多くなく、時には互いを知らないままに否定しあう言葉を聞くこともあります。それはとても、勿体ないことのように思えます。青年はいつの時代も、上の世代から否定されることが少なくありません（その背景には、上の世代の青

年に対する無知があります）。それに加えて、立場の異なる同世代のことを知らずにいるのは、せっかく同世代に生まれているのに、勿体ないのではないでしょうか。第7章では大学生がサポーターとして参加している学習支援について、第8章では通信制高校の現状について論じられています。そして第9章では、入試のあり方や入試の難易度の話に矮小化されがちな「高校と大学の接続（高大接続）」について、大学がユニバーサル化することの意味を捉え直しつつ論じています。現在の日本社会における、思春期・青年期の学びについて、自分自身の入試・学習経験からは取得しづらい視点に立ってみることで、大学の役割等について改めて考える機会にしてもらえればと思います。

　そして最後の第10章と第11章は、学生の皆さんが日々お世話になっているであろう、大学の教務と図書館について、その日常的、歴史的背景を紹介しています。どちらも「あるのが当たり前」な存在かもしれません。しかし、ここで詳細を述べることはできませんが（各章を参照してください）、日本の大学は転換点にあり、これまでの当たり前は変化していく可能性があります。変化それ自体は常にありますが、「学生の発達保障」という観点に立つとき、それが適切な変化であるのかどうか、敏感でありたいと思います。最後の第12章では、日本の大学評価制度の現状を改めて振り返りつつ、これからの大学と大学評価について考えるための論点を整理しています。

　大学評価学会が学生を主な読者にして、本を作るのは今回が最初です。青年の発達保障と大学評価について、学生とともに考えたいという願いをもとに作った本ですが、学生の皆さんからはどのように見えるでしょうか？　大学評価学会による「その基本に、学生の発達保障が位置づく大学評価」の探求は、これからも続きます。学生の皆さんからも、様々な意見を寄せていただけるとありがたいと思います。これから一緒に、大学と大学評価について、考えてみましょう。

シリーズ「大学評価を考える」第9巻編集委員会
委員長：西垣　順子

.

目　　次

まえがき　………………………………………………　西垣　　順子

第 1 章：青年期の発達と学び　………………………　西垣　　順子　　1

第 2 章：大学における課外活動と学生の発達　……　中山　　弘之　　11

第 3 章：学業から職業への移行　……………………　瀧本　　知加　　23

第 4 章：大学における学生の位置付けと役割　……　米津　　直希　　33

第 5 章：高等教育の漸進的無償化　…………………　石井　　拓児　　45

第 6 章：卒業してからの学費問題／奨学金返済問題

　　　　　　　　　　　　　　　　　　　……　西川　　　治　　57

第 7 章：子どもと学生が育ち合う学習支援の実践をめざして
　　　　　　── 瀬戸市学習教室ピースの実践から

　　　　　　　　　　　　　　　　　　　……　川口　　洋誉　　69

第 8 章：通信制課程で学ぶ高校生の現状と課題
　　　　　　── 中途退学者数等の状況からの一考察

　　　　　　　　　　　　　　　　　　　……　白波瀬正人　　77

第 9 章：高大接続の政策課題と今後の在り方
　　　　　　── ユニバーサル時代の大学と高校

　　　　　　　　　　　　　　　　　　　……　小池由美子　　91

第 10 章：大学職員が学生の学びにどうこたえるか
　　　　　　── 成績不振学生の対応（学部事務室からの視点）

　　　　　　　　　　　　　　　　　　　……　安東　　正玄　　103

第 11 章：大学図書館の役割　…………………………　村上　　孝弘　　113

第 12 章：大学評価はどこに向かいうるのか（あとがきにかえて）

　　　　　　　　　　　　　　　　　　　……　西垣　　順子　　123

v

第1章
青年期の発達と学び

西垣　順子

1．生涯発達と青年期

　発達（development）は生命の発生から死に至るまでの間に、時間の経過とともに生じる、基本的には不可逆的な変化のことである。ただし、時間が経過すれば自動的に生じるものではなく、他者や環境といった外界との間の豊かな関わり合いが不可欠である。発達は能力の向上と同義としばしば誤解されており、青年期または成人期までで終わると誤解している人も少なくない。しかし実際の発達は「制限からの解放」や「自由になること」といった意味を含んでおり、老年期も含めて生涯にわたって続くものである。

　人間の発達はいくつかの段階に区分して理解することが多い。誕生から順に、乳児期、幼児期、児童期、青年期、成人期、老年期という区分が一般的である。現在の日本の社会では、高校卒業後に引き続いて大学に進学することが多いため、大学生の多くは青年期にいる。

　青年期というのは、実はあまりはっきりしない概念である。そもそも何歳頃から何歳頃までが青年期なのかが明確ではない。第二次性徴を始まりの目安とすることが多いが、終わりがいつなのかは難しい。就職と結婚によって成人期に移行するという説明が（妥当であったかどうかは別として）、20世紀には一般的になされていたが、全く実態に合わないことが今日では明白になっている。

　さらに歴史的に見た場合、青年期はどの時代や文化にも存在した発達区分ではなく、ヨーロッパでは19世紀の終わりころに誕生したとされている[1]。若年期と呼べるような「一人前になる前の時期」はそれ以前にもあったが、職業選択など自身の生き方を模索する時期としての青年期の誕生は比較的新しい。また今日においても、青年期という発達段階を享受していない人が少なからずいることにも注意が必要である。

　とはいえ青年期は、子ども時代から成人期への移行期であり、個々人が自分のあり方や生き方を模索していく時期だと言える。親を中心とする家族の外に、

友人などの横の関係を広げて深めていくとともに、様々な年長者との斜めの関係も築いていく。大学等で学んだり、職場で働いたりしながら、世界観を広げたり価値観を更新していくことになる。

２．青年期の発達的特徴

　子どもから成人への移行期である青年期は、子ども時代の発達の仕上げと大人として生きていく下地作りの両方を行う時期である。発達の各段階には主要な発達的特徴や課題（発達課題と呼ばれることもある）がある。それぞれの段階での発達が大切にされ、課題が克服されるかどうかは、次の段階での発達にも様々に影響を与える。現実には豊かな発達を保障されて育つ子どもばかりではないが、青年期における友人や仲間、斜めの関係の大人との出会いによって、積み残されていた課題を克服していく可能性が開かれている。さらに青年期における発達の様相や課題との向き合い方は、成人期以降の発達に影響を与えていく。

２．１．アイデンティティと親密性
　青年期の発達課題を示す概念として有名なのは、心理学者のエリクソン（Ericson）による「アイデンティティ」と「親密性」の形成であろう。アイデンティティとはエリクソン[2] の言葉を借りると、「時間―空間の中で自分自身の存在の自己斉一性と連続性の知覚と、他者が自分の斉一性と連続性を認めているという事実の知覚（p.49）」のことだが、「自分はどういう人間であるか」について、ある程度以上には安定して整合的な認識が形成されていることと理解してよいだろう。青年期はアイデンティティを模索し、再構成する時期なのである。

　他方の親密性とは、自分を見失わずに、他者との間に継続的で深い関係を築けることである。友情にせよ恋愛にせよ、相手と自分が完全に一致することはない。不一致を忌避して相手を支配したり、逆に相手に飲み込まれたりするのは健全な関係ではないし、誰も信頼せずに孤立するのも同様である。青年期は様々な人との関わり合いの中で、互いの異なる部分も理解しあいつつ、相互信頼に基づく対等な関係性を結んでいく力量を身につけていく時期でもある。

　なお、エリクソンはアイデンティティ達成の後に親密性の獲得があるという順序的な説明をしているが、近年の研究では「個としての自己の存在」と「関

係性の中での自己の位置づけ」を別の次元として扱い、アイデンティティ形成と相互性や親密性の形成は、並行的に進むという主張もある[3]。

２．２．抽象的・総合的思考力の本格化

　青年期の発達はアイデンティティ形成や人間関係のような、人格・社会性の側面から論じられることが多いが、認知発達（知的発達）の側面も重要である。この点について西垣（2016）は、発達研究者の田中昌人の理論をもとに、次のように説明している[4]。

　大学などの学校教育とは異質の学びの世界に入ることで、知識や学びに関する認識が、相対化されて変化する。学校では基本的に、知識は「定まったもの」として学習が進む。しかしそれらの知識は、歴史的に形成されてきたものであり、今後も変化していく可能性がある。大学ではこの点が強調される。

　「発達」という概念についての理解（知識）を例に挙げよう。発達を能力の増大とみなす考え方を、本章の冒頭では否定したが、過去には必ずしも否定されていなかった。結果として 1950 − 60 年代の日本では、重い障がいのある方に対して「発達可能性がない」というレッテルが貼られていたこともある[5]。さらに今日でも「人間の発達とは何か？」という問いは、問い直され続けている。

　これまでに学んだ知識もこれから学ぶ知識も、再構成され続けるものだという認識に立つと、身の回りの様々な現象を新しい角度から見直すことが可能になる。「当たり前」が崩れて少し不安な思いをすることも時にはあるかもしれないが、不自由な先入観から解き放たれるきっかけになることもあるだろう。

　もう一度、「発達」という概念を例に考えよう。児童期から青年期にかけての発達的特徴として、「女・男らしくなる」ことや「異性との恋愛」などが比較的近年まで、当然のこととして教科書などにも書かれていた。しかしこのような発達理解はジェンダーの立場にたった諸研究等の進展とともにほぼ否定され、現象の一部でしかないことが確認されている。「女・男らしくなること」ではなく、「自らがどのようなジェンダーを生きているかを模索し、理解していくこと」が青年期の発達なのだと考えれば、自分についても他者についても理解の幅が広がるのではないだろうか。

　本項で例に挙げてきた、「発達を〜であると理解するならば」というのは、発達という仮説構成概念を使いこなして、様々な事柄について考える作業である。このように仮説構成概念を駆使して、自分や世界を問い直して理解を深めていく抽象的総合的思考力の本格化は、青年期の重要な発達的特徴である。

2.3. 自分と仲間の発達を守る

　前項でも登場した田中昌人は、人間の発達における「自分づくり」や「自分育て」という側面を重視している[6]。1歳頃には自我が発生するが、それに続いて自己認識が育つ。小学校入学前には自分自身の成長過程を自覚する自己形成視が見られ、10歳頃には、家庭や学校などの生活世界における等身大の自分理解である自己客観視が成立してくる。

　他方、大学入学前後の17－18歳頃になると、新しい質の自己客観視である社会的自己が発生し、20歳代半ばにかけて拡大・充実する。高校や大学等での学びを通じて、社会や歴史についての理解を拡げてきた青年たちは、自分はどういう人間でどのように生きていくかを、身近な生活世界よりも大きな社会全体を背景として考えるようになる。そして、どこで何を学ぶかを自ら選択し、将来の職業や生活スタイルの選択も行われる。

　ただし実際には、望むような選択肢が正当に手に入るとは限らない。だが青年期は、「自分や仲間の発達を自分で守れるようになっていく時期」でもある。中学生頃には、教師による支援を受けつつ生徒だけで自習できる幅が広がり、

図１－１．関西学生アルバイトユニオンの学生たちによるデモの風景

注：学習する権利や尊厳ある労働の権利などについて学んだ学生たちは、「苦しみに耐えて頑張ることが美徳だ」という考えを相対化し、大学で安心して学べる環境への要求を表現した。「耐える強さを変える力に」というスローガンは象徴的である。また、給与の不払いなどの被害の回復だけではなく、社会全体のあり方を変えていく必要があることにも気づいていった。（写真提供：関西学生アルバイトユニオン）

高校生や大学生になると自分たちで学習の場を作ったり、学ぶ機会を要求したりすることも可能になる[7]。

　望む選択肢が不当に阻まれていることに気づいた青年たちは、学ぶ権利の保障を求めて自ら声を上げることも少なくない。先輩から後輩へと、要求を掲げるためのノウハウなどが伝承されていることもある。2024年時点の日本では、学費の減免などを求めて行動している学生団体や、ブラックバイトに対抗するための、学生による労働組合も結成されている。また2019年には、大学入試への英語民間試験導入などに対して、高校生たちが文部科学省前でデモを行ったりした（民間英語試験導入などを含めた「入試改革」は後に中止された）。これらは大学教育やそれを受ける権利に関わる状況について、学生たちが自ら学習して改善を求めている姿の1つである。なお、このようにして自らの発達を守ったり創り出したりしていくことは、後の成人期において次世代の発達を守り育てることにも繋がっていく。

3．青年期の発達における大学教育・高等教育の役割

　前節で述べた青年期の発達的特徴を踏まえて本節では、大学などの高等教育機関が果たす役割について考えたい。大学などで学ぶことは、次の2つの側面から、個人の発達を支えると考えられる。

　1つは学問をすることである。前節の第2項で述べたように、青年期発達の主要な側面の1つである抽象的総合的思考力の獲得には、学校教育とは異質の学びを体験することが重要であるし、大学の授業は仮説構成概念を駆使して様々な事柄を考えたり探求したりする機会を提供している。

　2つめは、学生が自分で考えたり選択したりして行動する機会が増えるとともに、同年齢・異年齢の人との交流の機会も格段に増えることである。課外活動や学生自治会はもちろんのこと、正課での学習においても選択科目の幅が増える他、研究室やゼミの運営に学生が主体的な役割を果たすこともある。このような場面は、学生たちが学問・学習を通じて再構成してきた人間理解や世界理解を実践的に深めつつ、自らの生き方や他者との関係性の築き方を探求していく場になっている。

　ところで、仮に学費が無償になったとしても、すべての青年が高等教育機関への進学を希望するとは限らない。そのような青年たちの発達においても、何らかの形での学ぶ機会は保障されるべきと思われる（そのための時間を確保で

きるような労働環境も求められる）。学校を終えた青年が学ぶ機会としては、行政が提供する社会教育や生涯学習の他、NPOや地域の団体、労働組合などが提供する学習機会が存在している。成人期に入ってから大学に進学することもあるだろう。

　ただこのような学習機会は、現在の日本の社会では労働条件の悪化ともあいまって、不十分である場合も少なくない。例えば1950年代には、農村や工場で働く青年や主婦の間で、各自が書いた文章を仲間同士で読みあって新しい生き方を話し合うサークル活動（生活記録運動）が、全国的に行われていた[8]。同じ頃、滋賀県蒲生郡日野町という小さな田舎の町では、青年たちが劇団を結成して演劇に取り組んでいた[9]。

　これらの学習活動は、農村から都市部への人口の移動や高校・大学への進学率の上昇などとともに下火になっていったが、青年の発達保障という観点から考えると、働く青年たちの学ぶ機会の保障の必要性自体がなくなったわけではない。今の時代を生きる青年たちのニーズに即した学ぶ機会のあり方はどういうものであり、どのようにして実現していくのか、当事者である青年と成人期以降の大人たちが、ともに考えていく必要があると思われる。

4．大学教育の公正さ（equity）の追求と大学評価

4．1．公正さ（equity）の追求
　前節までに見てきたように、青年期における学びは青年の健やかな発達にとって重要なことであり、一人一人が背負っている有利・不利な条件に関わらず、学習する機会と学習成果（learning outcomes）が保障されるべきであろう。大学等の高等教育機関が、すべての青年たちの発達を支援できる組織であるために重要な概念の1つに、「公正（equity）」がある。

　大学に入学することを希望したり、実際に入学してくる学生は、一人一人が異なる背景や属性を持っており、大学環境に適応しやすい人とそうではない人がいる。一般に、その社会のマジョリティに分類される人や家庭の所得の高い人は適応しやすいが、それは大学が伝統的に、そういう人々を学生として迎え入れてきたことによる。それに対して、それぞれの社会や分野でマイノリティとされる属性を持つ学生、低所得家庭の学生、家族のケアをしている学生、障がいのある学生などは、大学にうまく適応できなかったり、学ぶ上で様々な不利益に直面したりするリスクが高くなる。

第1章　青年期の発達と学び

図1－2．公正と均等の違いを表す概念図

注：全米大学協会が2015年に配布した冊子に掲載されていたもの。
　　身長の違いに応じた台があれば、皆が鐘を鳴らすことができる。
　　どのように奏でるかは、本人次第。

　「公正の追求」とは、大学で学ぶ上で不利になりがちな学生を、積極的に支援していくことで、すべての学生に対して求められる学習成果を保障していこうという姿勢である。従来は大学から排除されてきた層の学生を、大学に積極的に受け入れる政策を実施してきた欧米諸国などでは広く研究されている[10]。重要なのはスローガンを掲げるだけではなく、必要とされる支援のあり方を積極的に研究し、適切な支援を実際に行うことである。不利な立場に立ちやすい学生とそうでない学生をただ均等（equality）に扱うのでは、「公正な大学」は実現しないからである。

4．2．公正な大学教育を実現するために必要な取組と大学評価の役割

　大学教育・高等教育として、様々な条件下で学ぼうとする学生たちに対する公正を実現するためには、各大学の取組と大学に関わる政策レベルでの取組の両方が必要である。政策レベルでは、進学を望む青年の希望が、家庭の経済状態や地理的条件などに左右されないような条件整備が求められる。具体的には、学費の漸進的無償化や大学が都市部に集中しすぎないようにすることなどが考えられる。これらは個別の大学の努力では実現できないが、大学自身も大学同

士で協同したりしながら、行政や政治に働きかけることも重要だろう。また大学評価を行う評価機関は、多くの大学の現状を俯瞰できる立場にあるので、評価機関から行政等への情報提供や働きかけも重要と思われる。

　個別の大学が行う取組としては、学生各自が大学生活を送っていく上で必要な様々なケアや支援を提供し、その効果を適切に自己評価していくことが第一に求められるところであろう。障害のある学生への合理的配慮や相談・支援体制の整備、経済的に苦しい状況にある学生や様々なマイノリティ特性を持つ学生への支援・相談体制の整備などが考えられる。学生同士での支え合い（ピア・サポートなど）が行える仕組みづくりも重要である。また、青年期の発達においては何らかの形での学習が重要であるということを踏まえると、在学生以外の青年・成人のための学習機会を提供することも考えうるし、そのような事例は歴史的にも国内外に存在する[11]。

４．３．すべての学生の発達を保障する大学教育

　最後に、すべての学生の発達を保障できる公正な場で大学があるために、大学のカリキュラムとその評価に求められる事柄を整理しておこう。まずはカリキュラムの到達目標をどのようなものにするかという問題がある。４年（または６年）の学習の到達目標にほぼ相当するものとして、日本の大学では学位授与指針（ディプロマポリシー）の設定が義務付けられており、各大学の web サイトに掲載されている。但し、日本の大学教育の目標をめぐる政策議論の中では、経済発展に資する人材育成が偏重して強調される傾向があることに注意が必要と思われる。例えば全米大学協会（AAC＆U）が提案している大学教育の到達目標では、「民主主義の深化に寄与する」ということが経済発展と並んで強調されるのとは対照的である。公正な大学が実現していくためには、大学政策の背景にある市民社会における、青年の学ぶ権利に対する理解が欠かせない。大学教育は経済や産業の発展だけではなく、すべての人の発達する権利が保障されるような民主主義社会の進展についても、積極的に責任を負うべきだと考えられる。そしてこのことは、青年たちがより広い視野で自らのあり方や生き方を考え、必要に応じて発達を守る行動をとれるようになることにも寄与するだろう。

　次いで教育内容を考える。学士課程カリキュラムは教養教育と専門教育の両方が何らかの形で含まれている。すべての学生が学ぶ教養教育の中に、青年の学ぶ権利も含めた人権についての学習や、自分自身やともに学ぶ他者が抱えているかもしれない生きづらさや学びづらさを理解していくような学習内容があ

ることは重要だろう。さらに学生自身が、在学中および卒業後に社会人として
も、大学のあり方に関与する仕組みとして、大学評価の仕組みや理念などを学
ぶ授業も、公正な大学づくりという観点から有効ではないかと考えられる。

　そして学習の方法としては、様々な場面で学生の主体的な参画が重視される
とともに、そのための支援や教育も重要になる。第2節でも述べたように、青
年期の学生たちの中では、発達を自ら作り出そうとする力量が育ってきている。
同時にそのような力量が育つ環境づくりや支援、知識や情報が大学側から提供
されることも必要である。学生たちが様々な場面で、自分で考えたり仲間と話
し合ったりしながら意思決定をして行動し、時には失敗からも学んだりしなが
ら自分自身の発達について確認していけるような場として、大学が機能するこ
とが重要で、同時に学生たちは大学をそのような場として機能させていくため
の重要な担い手でもあるのである。

注釈

(1) 白井利明「青年期」，無藤隆・子安増生『発達心理学Ⅱ』（pp.1-40.），東京大学出版会，
　　2015年.

(2) エリク・エリクソン（Ericson, E.H.）（中島由恵訳），『アイデンティティー青年と危機』，
　　新曜社，1968/2017年.

(3) 岡本祐子「女性の生涯発達に関する研究の展望と課題」，岡本祐子（編著）『女性の
　　生涯発達とアイデンティティ ― 個としての発達・かかわりの中での成熟』（pp.1-30.），
　　北大路書房，1999年.

(4) 西垣順子「青年期教育としての大学教育を拓くための研究課題 ― 発達心理学の観
　　点からノンエリート青年の発達保障と大学教育を考える」，大学評価学会シリーズ「大
　　学評価を考える」第7巻編集委員会（編），『大学評価と「青年の発達保障」』，晃洋書房，
　　2016年.

(5) 中村隆一『発達の旅 ― 人生最初の10年　旅支度編』，クリエイツかもがわ，2013年.

(6) 田中昌人『人間発達の理論』，青木書店，1987年.

(7) 京都教職員組合養護教育部『田中昌人講演記録　子どもの発達と健康教育④』，クリ
　　エイツかもがわ，2002年.

(8) 北河賢三『戦後史のなかの生活記録運動 ― 東北農村の青年・女性たち』，岩波書店，
　　2014年.

(9) 高井儀浩『日野の演劇黎明期展　記録集』（私家版），2016年.

(10) 次の文献を参照してほしい.

　　西垣順子「AAC&Uにおける大学教育の「公正」の追求：背景と概要」，『大阪市立

大学大学教育』第 15 巻 1 号，pp.10-14，2017 年.

　　吉田文「高等教育の拡大と学生の多様化：日本における問題の論じられ方」，『高等教育研究』第 21 集，pp.11-37，2018 年.

（11）上杉孝實・香川正弘・河村能夫，2016,『大学はコミュニティの知の拠点となれるか — 少子化・人口減少時代の生涯学習』，ミネルヴァ書房.

第2章
大学における課外活動と学生の発達

中山　弘之

はじめに

　大学において学生が様々な力量を発達させる場としては、まず教育課程に位置づけられている正課の授業がある。しかし、大学において学生の発達に関わる場はそれだけではない。サークル活動、部活動、行事（大学祭など）、自治活動（自治会・学生会など）、社会的活動（ボランティア・市民活動・社会運動など）などといった課外活動[1]もまた、学生生活において大きな位置づけを占めており、学生の発達に大きな影響を与えていると考えられる。

　教育社会学を専門とする武内清・浜島幸司は、学生の部活動・サークル活動の状況についてのアンケート調査分析を通して、「部・サークル活動は、学生に楽しみを与える効果だけではなく、社会の一員としての私を自覚させる効果も併せもっている」と述べている[2]。これは、課外活動に位置づけられる部活動・サークル活動が果たす役割の大きさについて指摘したものである。

　また教育学・生活指導を専門とする浅野誠は、「合宿、コンパ、懇談会、行事、クラブ活動、同好会活動、自治活動、図書館利用」などについて、「そうしたもののもつ教育力は、大学教育のなかでかなりの比重を占めているはずである」と述べている[3]。これは、課外活動など授業以外の諸活動が学生の発達に果たしている影響力の大きさを指摘したものである。

　確かに、以前より、大学を卒業した者から「大学時代は、授業だけが学習の場ではなく、部活動、サークル活動などからも多くのことを学んだ」という声を聞くことがある。筆者もそうした感覚を持っている一人である。部活動やサークル活動以外では、大学祭実行委員会、生協学生委員会、学生自治会活動や社会的活動から多くのことを学んだという者も多いだろう。

　それでは、大学における課外活動は、それに取り組む学生の発達にどのような影響をもたらすのであろうか。ここでは、このことについて、教育学におけるいくつかの理論や問題提起を手がかりにしながら検討したい。

１．人格形成への寄与

（１）訓育としての性格が強い課外活動

　サークル活動、部活動、行事、自治活動、社会的活動などの課外活動の大きな特徴の一つは、これらの活動が組織的な集団の運営や具体的な実践を伴うことである。つまり、課外活動の活動分野はスポーツ・文化に関わるもの（サークル活動、部活動など）、大学生活の充実に関わるもの（自治活動、行事など）、社会的な問題の解決（社会的活動など）などと多岐にわたるが、そのほとんどが集団をつくり、構成員の参加のもとに役割分担して組織的に集団を運営しながら、それぞれの活動を具体的に展開している。

　こうした特徴を教育学の観点から見た場合、課外活動にはどのような意義を見出すことができるであろうか。

　このことを検討する上では、陶冶（とうや）と訓育という教育学の考え方が参考になる。

　教育学においては、教育のいとなみには陶冶と訓育という二つの機能があると考えられている。陶冶とは、「知識や技術」を「教授」することを通して「学力を形成する働き」のことをいう。一方訓育とは、「世界観や信念、態度、性格、行動のしかたの形成」を通して「人格形成をはかる働き」である[4]。

　学校の教育活動は国語・数学などの教科指導（授業）と学級活動・児童会活動・生徒会活動・クラブ活動・学校行事などの生活指導（教科外活動）の大きく二つに分けることができるが、陶冶と訓育はどちらの活動においても二つの側面として備わっている。ただし、知識・技術の教授を中心とする教科指導（授業）は陶冶を主な役割としており、集団による具体的実践を通した人格形成を目指す生活指導（教科外活動）は訓育を主な役割としている[5]（陶冶と訓育については、後掲の図も参照してほしい）。

　陶冶と訓育という考え方から見た場合、課外活動は、組織的な集団運営や具体的な実践を伴うという点で、訓育としての性格を強く持っているととらえることができる。つまり、課外活動はまず、それに参加する学生の世界観、信念、性格、行動の仕方の形成、すなわち学生の人格形成に大きな影響を及ぼしていると考えられるのである。

（2）課外活動を通した人格形成

　大学における課外活動は、大学の教職員などが指導者や助言者として関わっているものもあるが、その多くが学生たちによる自治的な活動として取り組まれている。学生たちは、所属する集団の中で、自分たちで活動方針・活動計画などを話し合いながら、役割分担した上で具体的な活動を展開していく。また、時機を見て活動の成果と課題を話し合いながらふりかえり、その後の活動に活かしていく。こうした活動を重ねる中で学生は、組織運営の具体的な方法、組織の中での行動の仕方などを身に付けていく。

　もっとも、大学における課外活動の多くは、自治的に取り組まれているがゆえに、組織を運営し、活動を進めていく中では、メンバー同士の意見の対立や人間関係上のトラブルもある。しかし、こうした困難の中で試行錯誤することは、異なる考え方を持つ他者との関わり方を考えるきっかけになるし、また民主的な組織運営のあり方とはどのようなものかについて考えるきっかけにもなる。

　発達心理学を専門とする西垣順子は、大学時代における発達課題の一つとして、「対等で異質な他者との関係」を築くことを挙げている。これは、大学入学以前のような「基本的に同性」の「よく似た好みや趣味」を持った者同士の友人関係だけではなく、「異なる価値観、異なる文化、異なるジェンダー」の人との「対等」な関係を築けるようになるかどうかが、大学時代において大きな発達課題となるということである[6]。とすると、メンバー同士の意見対立や人間関係上のトラブルとも向き合いながら組織的に活動を進めていく課外活動は、こうした発達課題に接近し、異なる考え方を持つ他者とも共同できる力を身に付けるきっかけにもなるといえる。

　また、課外活動では、活動内容に応じて、大会やコンクールへの出場、活動成果の発表、活動成果の地域社会への公開など、様々な形で現実の社会とのつながりが出てくる。そうした中で、学生以外の社会の様々な人びととの交流も生まれる。自治活動や社会的活動の場合は、活動内容が社会問題と関わりを持つ場合がしばしばあり、活動をきっかけに社会への認識が深まっていくことも多い。

　このように課外活動は、社会との関わりを意識しながら行われることが多いため、そこには一定の緊張関係と様々な葛藤や試行錯誤がある。しかし、それに向き合っていくことは、学生が「成長感覚」を得ることにもつながる（この点については後述）。

　こうした様々な力量が身に付いていく中で、課外活動に取り組む学生たちは、自己の信念や世界観や生き方を問い直し、深めていくようになると考えられるのである。

２．知識・技術の発達と人格形成との統一

（１）訓育としての課外活動が及ぼす決定的な影響

ここで留意しておきたいのは、課外活動が、正課の授業よりも学生の発達に大きな影響を与える場合があるということである。このことについて、訓育と陶冶に関して先駆的に追究してきた戦後教育学の第一人者・小川太郎の見解から考えたい。

小川は、訓育は、単に陶冶と並ぶものであるだけではなく、「教育全体にとって決定的なもの」と述べている。その理由として、小川は、「教育は……きゅうきょくには知識・技術を使う人格の形成である」ことを挙げている[7]。つまり、集団による具体的実践を通して行われる訓育は、ただ単に人格形成を図るだけではなく、陶冶を通して身に付けた知識・技術を生活に活かすことができる人格形成を図る役割を持つという点で、陶冶以上に重要な役割を持って

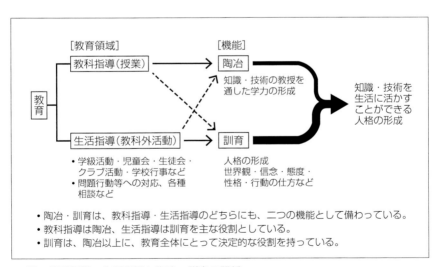

図　教科指導・生活指導と陶冶・訓育の関係
（柴田義松『教育課程―カリキュラム入門―』〔有斐閣、2000年〕180ページ、山本敏郎・藤井啓之・高橋英児・福田敦志『新しい時代の生活指導』〔有斐閣、2014年〕11ページ、神谷拓編著『運動会指導の原理と実践』〔大修館書店、2022年〕15ページを参考に筆者作成。）

いるということである（図を参照）。確かに、どんなに高度な知識や技術を持っていたとしても、それを生活において実際に実践できなければ、宝の持ち腐れになってしまうであろう。小川の論述は、教育における訓育の決定的な位置づけを指摘した重要なものである。

　この小川の考え方に学ぶならば、訓育としての性格が強い課外活動は、場合によっては、大学における正課の授業以上に学生の発達に決定的な影響を及ぼす場合があることが理解されるであろう。課外活動は、集団の中で、また現実の社会との関係の中で、活動内容に応じた具体的な実践に取り組むものである。そこでは、小中高や大学での正課の授業などで学んできた知識や技術を活用しながら実践に取り組むことになり、その中で学生たちは、知識や技術を実のあるものにするとともに、様々な実践的な力を身に付け、自己の信念や世界観や生き方を問い直すことになると考えられる。

　こうして、課外活動においては、授業その他で身に付けた知識・技術と結びつく形で人格形成が図られると考えられる。

（2）知識・技術のさらなる深まり

　小川は、前節で引用した「知識・技術を使う人格の形成」とほぼ同様のことを、「学習における理論と実践の統一」とも表現している[8]。この「学習における理論と実践の統一」ついて、もう少し検討しておきたい。

　浅野誠によれば、学習には、子どもの「興味・関心の世界」から出発する「遊び」として行う学習と、「必要」から出発する教科的な学習（やるべきこととして行う学習）があるという[9]。

　それが、小学校4年生ごろになると、一方では、「遊び」として行う学習に「一定の継続性系統性」が生まれ、「『専門』的な科学芸術技術スポーツ追求」が始まるという。他方、教科的な学習においても「一定の抽象性」が要求されるようになってくるという[10]。さらに、中学生や高校生段階以降になると、「遊び」として行う学習が「研究的模索的色彩」（傍点浅野）を帯びはじめるという。つまり、「遊び」として行う学習と教科的な学習に性質的な重なりが生まれてくるということである。したがって、この段階においては、「遊び」として行う学習と教科的な学習をそれぞれ豊かにふくらませると同時に、両者を「交差」させる必要があるという[11]。

　浅野は、こうしたことが、子どもたちに「主体的に知的探究しようという姿勢」、「主体的に自ら問題を見出し、理論的に思考していく力量」[12]などを育てる上で重要であるとしている。

浅野の問題提起は、教科的な学習が実生活と遊離している状況を教育する側から解決することを目指して行われたものであるが、本章との関連で重要なのは、「遊び」として行う学習と教科的な学習を「交差」させる場の一つとして、浅野が「クラブ・部」など「教科外の諸活動」を挙げていることである[13]。

　大学における課外活動も、授業外で行われているものである。したがって、活動したり学んだりする側から見た場合、大学における課外活動は、「遊び」として行う学習と教科的な学習が「交差」することで、主体的に知的探究し、理論的に思考できる力量の発達につながる可能性があると考えられるのである。

　確かに、大学の段階になれば、サークル活動・部活動などにおいては活動の質を高めるために、自治活動・社会的活動などにおいてはそれぞれの活動で取り組む課題についての理解を深めるために、文献・資料・インターネット情報などでいわば「研究」的に調べたり、話し合いを繰り返したりする場合があるだろう。その中では、これまでの学校教育や大学における正課の授業などで身に付けてきた知識・技術を駆使するとともに、さらに自己の活動、集団での活動、社会状況などを分析しながら、活動に取り組んでいくことになるだろう。また、実際に活動に取り組む中で、さらに活動の質が向上したり、理論的に考える力量が高まっていったり、これまでの認識を問い直したりすることも多いだろう。

　課外活動においては、こうしたことを通して、自分たちが行っている活動についての実践的力量を高めていくとともに、自己や集団・社会などについて主体的に認識したり、分析・総合したりする力をより深めていく可能性があると考えられる。いいかえれば、課外活動は、単に人格形成に影響を及ぼすだけではなく、これまでの学校教育や大学での正課の授業で身に付けた知識・技術と結びつきながら「理論と実践の統一」が図られる中で、知識・技術それ自体をもさらに深いものに発展させる可能性を秘めているといえるのである。

３．興味・関心・課題にもとづきながらじっくりと活動に
　　取り組むことの意義

　大学における課外活動は、自治活動を除いて、基本的に学生それぞれの興味・関心にもとづいた主体的な活動であることが特徴である（自治活動の場合も、大学生活の充実への関心から、自ら主体的に活動に入っていく場合があるが）。

　また、課外活動は、時間的な制約から相対的に自由であるため、正課の授業と比べるとじっくりと活動に取り組めるという特徴もある。

第 2 章　大学における課外活動と学生の発達

　スポーツ教育学・部活動を専門とする神谷拓は、課外の運動部活動の利点について、教育課程の活動が「限られた時間内で効率的に行う必要」（傍点神谷）があるのに対して、課外の運動部活動は教育課程のような「時間的な制約」から「解放」されるため、時間をかけて活動に取り組めるという利点があると述べている[14]。このことは、大学における課外活動にもおおむね当てはまるといえる。

　したがって、大学における課外活動では、学生自身が興味・関心を持っている活動に意欲的かつ主体的にじっくりと取り組むことができるといえる。自治活動の場合も、学生自身の学生生活上の課題について、じっくりと取り組むことができる。こうしたことの意義は大きいと考えられる。

　まず、先述のように、課外活動は、人格形成の上でも知識・技術の深まりの上でも、双方の統一的な発達の上でも大きな意義がある。こうしたことも、学生自身の興味・関心・課題にもとづきながら、じっくりと活動に取り組めることと大きく関係していると考えられる。

　また、武内清・浜島幸司は、アンケート調査から、大学における部活動・サークル活動に力を入れて取り組んでいる学生について、「現在、打ちこむ活動をみつけて、実際に活動する」ことによって「自己意識」を高めることができていると分析し、このことを部活動・サークル活動の「潜在的効果」と述べている[15]。こうしたことも、興味・関心のある活動にじっくりと取り組めることと大いに関係していると考えられる。

　さらに、意欲的・主体的にじっくりと活動に取り組んでいる場合、活動の過程で様々な葛藤・困難や試行錯誤があっても、そうしたことに主体的に向き合うことができる。葛藤・困難などに主体的に向き合うことは、「成長感覚」を得ることにつながる。こうした「成長感覚」は、学生のその後の人生においても大きな意味を持つと考えられる。

　このことに関して、教育学を専門とする乾彰夫は、東京における高校卒業者の追跡インタビュー調査（共同研究）を通して、若者が大人へと移行していく上では、「困難を自分たちだけの力でやり切ったという体験」を通して「一つ成長したと強く感じられる、そんな経験と感覚」を得ることが重要であることを指摘している。そして、こうした「イニシエーション的経験」（乾はこのことを「成長感覚」とも称している）が、その後の若者が「次の体験を豊かにする上での糧」になるとしている[16]。また、この共同研究では、教育学を専門とする児島功和が、大学に進学した若者へのインタビュー調査を通して、大学における「自治的活動としての課外活動」が若者の「成長感覚」の獲得に大きな役割を果たしていることを明らかにしている[17]。

４．自治と民主主義の主体形成のきっかけ

（1）自治の意義の実感

　先述のように、大学における課外活動は、その多くが学生たちによる自治的な活動として取り組まれている。高校までの課外活動（例えば部活動）にも子どもの自治を尊重したものがあるが[18]、現時点では主流になっているとまではいえないだろう。したがって、大学の学生の多くは、大学の課外活動においてはじめて、上からの指示ではなく、自分たちの力で組織的に集団運営しながら活動する経験をすることになるだろう。

　したがって、様々な困難を乗り切って活動の目標を達成した時の喜びは大きく、学生たちはその経験から大きな自信を得ることにつながる。また、自分たちの力で取り組んでいるからこそ、活動の中で見えてくる成果や課題も、自分たち自身の成果・課題として受けとめることができる。

　こうした喜びや成果・課題の実感は、課外活動に取り組む学生たちにとって、自治的に行動することの喜びや意義を実感するきっかけとなるであろう。

（2）大学自治の主体形成

　先述のように、大学における課外活動では、概ね自治的に活動が進められるがゆえに、その中で学生たちは、組織運営の具体的な方法、組織の中での行動の仕方などを身に付けていく。

　また、これも先述のように、大学における課外活動では、自治的であるがゆえに、活動を進めていく中でメンバー同士の意見の対立や人間関係上のトラブルが生じることもある。しかし、こうした中での試行錯誤は、異なる考え方を持つ他者との関わり方や民主的な組織運営のあり方、さらには民主主義とは何かについて考えるきっかけにもなる。

　課外活動を通して自治の大切さを実感しながら、こうした経験を積み重ねていくことは、学生が大学自治の主体となっていく基礎を培うきっかけにもなると考えられる。

　そもそも大学は、歴史的に見れば学生の集団がその起源の一つであった。したがって、大学の自治の担い手は教授会や教員に限られるわけではなく、学生もその担い手であり、多くの大学で組織されている学生自治会や院生自治会には大きな存在意義があるといえる[19]。つまり、大学の自治に学生が関わるこ

とは、大学の自治の本来的なあり方を目指す上で重要な意味を持つのである。

したがって、大学の自治という観点から見れば、課外活動が学生の大学自治主体としての形成につながること、またそのことで、学生自治会・院生自治会活動が活発化したり、大学の管理運営、学長・部局長等の選挙、大学評価への学生参加などが発展したりすることが期待される。国家主導の大学「改革」の中で大学自治自体が大きく後退しつつある今日においては、このことはとりわけ重要である。

(3) 卒業後の社会における民主主義の主体形成

大学時代に、課外活動を通して自治の意義を実感しながら、自治的・民主的な組織運営や行動の方法、異なる考え方を持つ他者との関わり方や民主主義のあり方について学んだり考えたりする経験の積み重ねは、大学卒業後の社会における生き方にも大きな影響を与えるだろう。

学生たちは大学卒業後、職場、家族、地域社会など様々な場において生活することになる。中には、自らの趣味や興味・関心にもとづくサークル活動、市民活動、ボランティア活動、労働組合、政治的活動、地域づくりなどに参加したり、こうした活動を自ら立ち上げたりする者もいるだろう。

こうした様々な場の多くは、集団の中で組織的に行われる。したがって、課外活動を通して自治や民主主義について考え、学んだ経験は、卒業後の社会における様々な場において、自治と民主主義の主体として生きる基礎を培うきっかけになる可能性があるといえよう。

おわりに

哲学を専門とする望月太郎は、シティズンシップ教育について解説した論稿の中で、「自治会活動やサークル活動を含む課外活動」が「いわゆるシティズンシップ教育において担ってきた役割を看過することができない」とし、「学生が、正課の学習においては希薄になりがちな社会との関係を築き、自らの〈市民〉としての存在意義のあり方を自問するのは、むしろ課外活動においてであった」と述べている[20]。望月はシティズンシップ教育の観点から課外活動が学生に及ぼす影響力の大きさについて指摘しているが、望月の場合は、課外活動の方が正課の授業以上に影響があると述べている。これは、こうした感覚を持っている大学卒業者が多いことの反映であろう。

大学において課外活動を経験した者がこうした感覚を持つようになるのは、これまで検討してきたように、大学における課外活動が概ね自治的に取り組まれていること、興味・関心・課題にもとづきながらじっくりと活動に取り組めること、訓育としての性格が強く人格形成に大きく寄与すること、その中で自己の信念・世界観や生き方の問い直しにつながること、社会とのかかわりがあること、訓育が陶冶以上に決定的な影響力を持っていること、これまでの教科的な学習などで身に付けた知識・技術と人格形成とが結びつきながら知識・技術がさらに深まる可能性があること、活動における葛藤や試行錯誤が「成長感覚」を得るきっかけになること、自治や民主主義の意義・方法・あり方などについて学び・考えるきっかけになることなどが関係していると考えられる。

　しかし、今日の大学における課外活動をめぐっては、多くの課題があるのも事実である。例えば、家庭の経済的事情や高額の学費のために、課外活動に取り組む経済的余裕がない学生がいること。正課の授業が過密であったり、生活費や学費のためのアルバイトに追われていたりなどの理由で、課外活動に取り組む時間的な余裕がない学生がいること。大学の教職員などが課外活動の指導や助言に入っている場合において、学生の主体性や自治的な活動が尊重されなかったり、学生が指導者に強く支配されたりすることがあること。こうした課題への対応が求められている。また、サークル活動、部活動、行事などの活動を、学生の自治活動の活発化や大学管理運営への学生参加にいかにつなげるかも、大きな課題である。

　こうした課題を解決するためにも、課外活動を援助する体制を整備すること（ゆとりのある教育課程づくり、充分な課外活動が可能な施設設備の整備と貸出、課外活動に対する財政的なサポート、課外活動の自治的発展に向けた助言体制の充実など）、学費を漸進的に無償化すること、経済的に苦しい学生へのサポートを充分に行うこと、教職員などが指導助言に入る場合でも学生の自治的な活動を尊重すること、課外活動への援助と同時に大学の管理運営や大学評価などへの学生参加を促進していくこと、大学教職員の課外活動に対する充分な理解を促すことなどが、大学側には求められている。

（付記）　本章は、拙稿「大学における課外活動の意義に関する教育学的検討」『教育ガバナンス研究』第 6 号（愛知教育大学教育ガバナンス講座、2023 年）を加筆・修正したものである。

第 2 章　大学における課外活動と学生の発達

(1)　同様の活動を正課と対応させて「正課外活動」と称する場合もあるが, 本章では「課外活動」と表記する.

(2)　武内清・浜島幸司「部活動・サークル活動」, 武内清編『キャンパスライフの今（高等教育シリーズ　123)』, 玉川大学出版部, 2003 年, 41 ページ.

(3)　浅野誠『大学の授業を変える 16 章』, 大月書店, 1994 年, 167 ページ.

(4)　鈴木秀一「陶冶と訓育」, 青木一・大槻健・小川利夫・柿沼肇・斎藤浩志・鈴木秀一・山住正己編『現代教育学事典』, 労働旬報社, 1988 年, 574 ページ.

(5)　柴田義松『教育課程 ─ カリキュラム入門 ─』, 有斐閣, 2000 年, 178-183 ページを参照.

(6)　西垣順子「青年期教育としての大学教育を拓くための研究課題 ─ 発達心理学の観点からノンエリート青年の発達保障と大学教育を考える ─」, シリーズ「大学評価を考える」第 7 巻編集委員会編,『大学評価と「青年の発達保障」（大学評価学会・シリーズ「大学評価を考える」第 7 巻)』大学評価学会, 2016 年, 14-16 ページ.

(7)　小川太郎『教育科学研究入門』, 明治図書出版, 1965 年, 77 ページ.

(8)　小川, 同上書, 138 ページ.

(9)　浅野誠『子どもの発達と生活指導の教育内容論 ─生活指導は何を教えるのか─』, 明治図書出版, 1985 年, 229-231 ページ.

(10)　浅野, 同上書, 232-233 ページ.

(11)　浅野, 同上書, 237 ページ.

(12)　浅野, 同上書, 228 ページ.

(13)　浅野, 同上書, 233-234 および 237-238 ページ.

(14)　神谷拓『運動部活動の教育学入門 ─ 歴史とのダイアローグ ─』大修館書店, 2015 年, 288-289 ページ.

(15)　武内・浜島, 前掲「部活動・サークル活動」, 36-37 ページ.

(16)　乾彰夫「若者たちの七年の成長と自信」, 乾彰夫編『高卒 5 年　どう生き, これからどう生きるのか ─ 若者たちが今〈大人になる〉とは ─』, 大月書店, 2013 年, 352-362 ページ.

(17)　児島功和「若者は大学生活で何を得たのか？ ─ 大学生活の構造とその意義 ─」, 乾編, 同上書, 258-265 ページ.

(18)　例えば, 堀江なつ子「運動部活動の実践」, 神谷拓編著『対話でつくる教科外の体育 ─ 学校の体育・スポーツ活動を学び直す ─』, 学事出版, 2017 年.

(19)　蔵原清人「大学の自治」, シリーズ「大学評価を考える」第 5 巻編集委員会編『大学評価基本用語 100（大学評価学会・シリーズ「大学評価を考える」第 5 巻)』, 晃洋書房, 2011 年, 29-31 ページ.

　　なお, 大学の起源の一つが学生の集団であったことについては, 吉見俊哉『大学とは何か』（岩波書店, 2011 年), クリストフ・シャルル／ジャック・ヴェルジェ（岡山茂・谷口清彦訳）『大学の歴史』（白水社, 2009 年）などを参照してほしい.

（20） 望月太郎「シティズンシップ教育」，シリーズ「大学評価を考える」第5巻編集委員会編，同上書，3-4 ページ．

第3章
学業から職業への移行

瀧本　知加

１．はじめに

　青年にとって、大人になるということは、学校や保護者の保護から脱し、自らの個性や能力を生かし、社会の中に位置づきながら自らの意思に基づいて生活するということであろう。そのような意味で、経済的側面からも個性の発揮という側面からも、また社会的役割の遂行という側面からも、自らに適した職業を得るということが青年にとって重要な課題となる。しかし、多くの大学生が卒業後の進路に大きな不安を感じている現状からも[1]、職業への移行になんらかの困難があることもまた明らかである。このような状況に対して、青年期教育機関である大学は、学生の職業への移行を支えることを通して、青年期の発達を保障することが求められている。

　本論では、まず、日本の大卒就職について概観したうえで、特に日本型雇用との関係から、大学から職業への移行の現状と課題について分析し、求められる支援のあり方について検討したい。

２．大学から職業への移行の特徴

（1）大学から職業への移行の現状

　以下ではまず、大学から職業への移行の様相を捉えるために、大卒者の就職状況を概観する。図1は1990年から2023年の大卒者数と内定率、就職率、無業者率、有期雇用率及び大学進学率をグラフに表したものである[2]。「内定率」とは、就職希望者に占める内定者の割合であり、「就職率」は卒業者全体に対する就職者の割合である。

　このように、日本の大学卒業者の職業への移行は、典型移行を中心としながらも、景気動向が悪化し求人倍率が下がると、非典型移行が増えるという状況

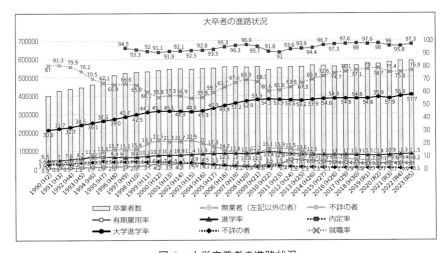

図1：大学卒業者の進路状況
（出典）学校基本調査、大学等卒業者の就職状況調査（報道発表資料）各年度版より筆者作成

このグラフでも明らかなように、大卒者の内定率は90％以上を保っており、就職希望者の内定獲得率は高い水準にあるといえる。他方、就職率の推移をみると、1990年代のバブルの崩壊、2008年のリーマンショックの影響を受けて、2003年には55％、2011年には60％と低い水準となっている。その後、2011年以降の就職率は上昇を続け、2020年には78％を上回ったが、新型コロナウィルスの影響を受け2021年には75％に低下している。

図2は、大学卒業後、無期常勤雇用、いわゆる正規雇用に就く者（ここでは典型移行とする）と、正規雇用としての移行も進学もしない者（ここでは非典型移行とする）の割合および、大卒求人倍率の推移を重ね合わせたものである。図からは、求人倍率と典型移行率が連動していることが読み取れる。つまり、社会経済状況によって、求人倍率が低下すると、非典型移行を行う若者が増えることがわかる。

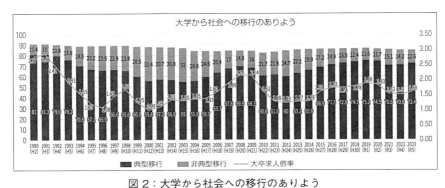

図2：大学から社会への移行のありよう
（出典）学校基本調査各年度版およびリクルートワークス研究所求人倍率調査より、筆者作成。

にある。特に、1990年代半ばから2000年代半ばに大学から職業へ移行した世代は、非典型移行を行う者が多く、いわゆる「就職氷河期世代」として知られている。同時期は、大学進学率の上昇とともに、進学も就職もしない者（いわゆる無業者）の割合が高まったため、大学の大衆化と卒業後の無業化の関係が指摘されていた。その後の無業率は景気変動の影響を受けて上昇・下降しており、大衆化が直接的に無業者を生み出しているとはいえない状況があきらかにされている[3]。しかし、この時期は大学の大衆化と同時に非正規雇用など不安定な雇用に就く者が増加したため、大学の大衆化と非典型移行は大学の質の低下を表すものとして、ネガティブに捉えられてきた。このように、大学卒業後の非典型移行には問題があるとされてきたが、典型移行に全く問題がないわけではなく、若年者の過労死問題やワークライフバランスの問題など、正規雇用の課題も明らかとなってきている[4]。

　以下では、大学から職業への移行を規定してきた日本型雇用の特質と典型移行の関係をみていく。

（2）日本型雇用と典型移行

　日本の大学から職業への移行の最も大きな特徴は「新卒一括採用」によって卒業後滞りなく就職することである。本来、営利企業の採用においては、実務経験があり高い専門的技術を持つなど、職業能力の高い者を雇用し、より大きな利益をあげることが目指される。しかし、日本においては、実務経験を持たない、つまり職業能力が低い新卒者が大量に一括で雇用される。このようなシステムは、1960年代の高度経済成長期に成立したものである。1960年代は、急激な経済成長による慢性的な人手不足によって、確実に雇用できる新卒者を卒業と同時に定期採用し、労働力を確保しようとした。入職段階では職務に必要となる能力を求めず、終身雇用・年功序列制賃金によって企業への定着をうながし、必要な職業能力を身につけさせ、中長期的に企業に利益をもたらそうとしたのである。このような特徴をもつ日本型雇用は若年者の失業率を低く留めると同時に、企業内で優秀な技術者を育成することを可能とするシステムとして評価されてきた[5]。しかし、新卒一括採用による入職は、その後の企業内教育（On The Job Training：以下 OJT）を前提としており、新卒者は、自律的職業人としてではなく、訓練を受けなければならない未熟な者として職業に移行していくこととなる。この点について、さらに検討するため、日本型雇用の特徴についてよりくわしくみていく。

　日本型雇用は「仕事内容（職務）を限定しない」という点に最大の特徴があ

るといわれている[6]。つまり、仕事内容である「職務」と賃金や採用などの雇用のシステムが連動していないことによって、ある職務がなくなっても別の職務に転換させることで解雇を防ぎ、長期雇用である終身雇用を実現し、職務にかかわらず賃金や待遇が上昇していく年功序列制を実現できたのである。このような職務を限定しない雇用のもとでの職業への移行は、自分がどのような仕事をするのか未確定なまま社会へと移行していくという日本の青年の特徴につながっている。

　以上のように、日本型雇用における典型移行では、青年は自らの仕事を自分で決定することはできず、教育訓練の必要な未成熟な存在として、職業社会に移行していく。このようなシステムのもとで、学生にとって、職業への移行が大きな不安を伴うものとなっており、大学生の就職への不安は構造的に作り出されたものである。

(3) 日本型雇用が青年に求めてきたもの

　日本型雇用は職務を重視しない代わりにメンバーシップを最も重視しているとされる。メンバーシップを重視する組織においては、個人は組織の都合に合わせて働くことが求められる一方で、メンバーとしての安定した地位が保障されている。このようなシステムのもとで、入職者には組織内でメンバーシップを築くための能力が求められる。具体的には、メンバーシップの基礎となる人間関係をうまく構築するための広義のコミュニケーション能力、職務変更や転勤などにも適応できる柔軟性、そしてそれらに反感を抱かないような従順さなどである。職業経験の無い新卒者は、組織中心のやり方や考え方に適応しやすい存在として位置付けられてきた。

　戦後の日本では、このような企業社会への適応を課題とする「戦後型青年期」が成立したといわれている。1960年代に成立した日本型大衆社会は、国家ではなく企業が国民の生活扶助や福祉を提供することによって成立したとされている。すなわち、日本の青年は、企業への参入によって保険、年金、退職金、住宅、などの生活福祉給付を受け、社会的標準のライフスタイルを実現することができた。日本の青年は、この社会的標準を享受するために、企業社会へスムーズに移行し、企業のメンバーシップに適応してきたのである[7]。

　このようなシステムのもとで、学生にとって職業を得て働くことは、自立への一歩でありながらも、他方で企業への適応を求められ、個性や自分らしさを制限されるものとしても捉えられるようになってきた。以上のように、大学から職業への典型移行は、青年を企業社会に適応させることを重視するものであ

り、職業社会への統合的移行ともいえるものである。以下では、これら典型移行を中心としてきた大学から職業への移行に対する支援の概要と課題について検討したい。

３．大学における移行支援の現状と課題

（1）大学における移行支援の制度と体制

職業紹介業は日本国憲法における基本的人権としての職業選択の自由及び労働権を保障するための公的な事業として位置付けられている。加えて、大学においては、学生の学習権（職業教育を受ける権利も含めた）の保障という観点からも、職業への移行を促す教育・支援が行われなければならない。職業紹介法では、学校が職業紹介を行うことを認めるとともに、高等学校における「職業指導」免許状の設置に代表されるような、職業紹介を行う職員の専門性の確保を重視している[8]。しかし、大学における職業紹介は、学生指導の一環である厚生補導として実施されてきたために、職業選択の自由及び労働権の保障という観点は希薄となり、職員の専門性という点でも課題の残るものであった[9]。

2000年代後半に入ると、大学進学率の上昇及び、大卒就職率の低下によって、大学でも本格的に移行支援を行うべきという考え方が高まり、2010年の大学設置基準の改正により、社会的及び職業的自立を図るために必要な能力を培うための体制の整備が義務づけられた。これによって、大学は正規の教育課程において学生の移行支援を行うことが制度づけられ、職業指導やキャリア教育の授業が実施されることとなった。このような変化に対して、学問を研究・教授すべき大学が学生の就職支援をすることを否定的に捉える傾向や、職業指導・キャリア教育を専門とする教員の不足など、多くの困難が指摘されている[10]。

（2）「就活支援」としての移行支援

大学における移行支援としてまず挙げられるのは、学生が行う「就職活動」に対する支援（就職指導）である。具体的には、職員によるガイダンスや、求人情報の提示、面談・相談、斡旋、エントリーシートの書き方、面接指導などの支援が行われている。従来の大学における就職活動は、教員からの紹介や、縁故、公共職業紹介所、OB・OGとの接触など、多様に行われていた[11]（安田、1999）。しかし、2000年代後半に入ると、就職協定の廃止や、求人状況の悪化によって、就職活動は大きく変化した。すなわち、就活ビジネスの出現な

どによって、就活のパターン化、画一化、硬直化、パッケージ化が進むととも
に、大企業を頂点として企業を序列づけ、「勝ち組」「負け組」を生み出す競争
として就活が位置付けられるようになったとされている[12]。このような競争
主義的就活は、学生に精神的・肉体的・経済的に多くの負担を強いるものであり、
批判の声も挙げられてきた[13]。また、大学が行う就職支援は学生個人の発達
よりも就職率を上げることで、外部からの大学の評価を高めようとする目的も
あり、就活を行わない学生や、正規雇用を希望しない学生、すなわち非典型移
行者を疎外するような傾向もみられる。

(3)「新しい能力」と大学でのキャリア教育

　1990年代以降、学卒無業者などの増加に対して、文部科学省は、学校におけ
る移行支援として、キャリア教育の必要性を強調するようになった。キャリア
教育では、移行の困難を解消するために、若者の勤労観・職業観を育成するこ
とが目指されるとともに、若者たちが身につけるべきものとして様々な「新し
い能力」が提示されてきた。具体的には、「エンプロイアビリティ」「汎用的技能」
「コンピテンシー」などである[14]。これらの能力を具体化したものが「社会人
基礎力」や「就業力」「学士力」であり、大学生が卒業までに身に付けるべき
能力とされ、大学におけるキャリア教育の目標ともなっている。

　「新しい能力」は、そもそも、雇用の流動化すなわち日本型雇用の縮小に適
応できる力として整理されたものである。そこでは、職務に必要な職業専門的
能力はその都度、企業によって（また自己努力によって）身につけるものとさ
れており、学校では卒業までに基礎的・汎用的能力を育成することが目指され
ている。このような能力観は、OJTによって職業専門的能力を身につけるため
の基礎的能力という従来日本型雇用の中で新卒者に求められてきた能力観と重
複している。すなわち、「新しい能力」は雇用の流動化を前提としながらも従
来の日本型雇用を補強するという側面をもっている。したがって、「新しい能力」
の獲得を目指すキャリア教育は、本来であれば、雇用の流動化の影響を強く受
ける非典型移行者にとって特に意味ある内容となるはずのものであるにもかか
わらず、その内容は典型移行者に適した内容となっているのである。

　このように、大学におけるキャリア教育で育成が目指される「新しい能力」も、
青年の典型移行、すなわち企業社会への適応と企業社会的統合を批判的に捉え
るものではなく、大学でのキャリア教育が企業社会への統合的移行を促してい
る側面がある。

４．学業から職業への移行を支援する

　日本型雇用システムのもとでの典型移行は、多くの青年にとって「何者になるか」分からないままの移行であり、多くの大学生にとってこれまでの学修との直接的な関係性を感じにくいなど、青年の発達保障の観点から課題の多いものである。また、正規雇用を中心とした雇用制度は今や多くの非正規雇用（主に女性、若者、高齢者、在日外国人）の存在を前提としてしか成り立たなくなっており、非正規雇用の処遇の劣悪さなど、問題ある状態にある。このような状態を改善するためには、労働市場全体が、同一労働同一賃金など職務主義的な特徴を強め、職務を遂行するための能力・技術が資格制度として明確に基準化されるとともに職業教育・訓練の機会が広く保障されることが必要である。また、雇用形態に関わらない包括的な社会保障制度も必要となる。これらは、もちろん大学教育の範疇を超えている。しかし、青年の発達保障の観点からみれば、大学にできることも少なくない。

　第一に、典型移行の相対化である。本論で整理したように、現在大学で行われている移行支援は典型移行を前提としている。たしかに、これまでの日本においては、多くの大卒者が典型移行の後、充実したOJTによって職業専門的能力を身につけてきた。しかし、OJTの縮小、日本型雇用の持つ企業統合的な性格や、長時間労働、ハラスメントなど従来の働き方の問題も顕在化している。このような変化の中で、大学における支援は卒業時の典型移行を絶対的な目標とするのではなく、流動化する労働市場での中長期的キャリア形成に焦点を当てねばならない。そのような観点からは、働く事を社会的な観点・生活の観点から捉え直し、働くためのルールや労働権、ワークライフバランスなどに関する基本的な知識や構えを獲得することなど、典型移行を行う学生にも、非典型移行を行う学生にも対応した移行支援を行うことが求められるだろう。

　第二に、学問や知識の応用として職業を位置付け、教育課程全体を通して職業社会への移行をうながしていくことである。例えば、農学や工学、保健、教育などの分野はそもそも応用的な特徴が強く、その学問自体が職業と密接に関わっている。他方で、基礎研究分野は、応用の範囲が広く、その分、広い範囲から個人の特性に合わせた職業選択が可能と捉えることができる。職業と学業を切り離すのではなく、関係づけることで、学業から職業を学ぶ、移行への道筋のある教育課程編成が可能となり、青年の発達保障につながるだろう。

第三に、学生の移行を促すコミュニティとして大学が機能することである。これまで大学では、サークル活動や自治的活動などの自主的な課外活動によって学生の諸能力を高めてきたといわれている[15]。また、乾・児島は、移行に困難を抱える若者にはアイデンティティの足場となり、移行にともなって訪れる様々な危機を関係性の中で克服していけるようなコミュニティや共同性が必要であるとして「媒介的コミュニティ」という概念を提示している[16]。このようなコミュニティ形成の場として大学が機能することによって、不安定な移行の時期の青年を支え、緩やかな移行を支援することができるだろう。

　日本の大学は、企業内教育や専門学校（専修学校専門課程）の存在によって、職業から距離を置いてきた。そのため、画一化・商業化された「就活」が拡大し、学生が翻弄されてきた。近年では人材不足感の高まりから就活・試験の日程が前倒しされ、さらに大人への準備を急かされることで、学生が豊かな青年期を過ごすことが一段と難しくなっている。このようななかで、大学が青年の発達保障の観点から職業への移行を支援することは重要な意味をもつこととなっている。なかでも大学が、職業と教育・研究との関係を整理し、学生の発達と学びを主軸とした職業への移行を実現する教育課程編成に努める必要がある。このような移行支援は、職業社会への統合ではなく、職業社会の変革主体の形成、すなわち高等教育における職業教育の本源的実践に繋がっていくであろう。

---

(1)　日本学生支援機構「平成 30 年度学生生活調査」2020 年.
(2)　文部科学省「学校基本調査」および「大学・短期大学・高等専門学校及び専修学校卒業予定者の就職内定状況等調査」各年度版より筆者作成. なお、グラフ中の就職率は、1990 〜 2003 年に「就職者」として、2004 〜 2011 年には「正規の職等」として、2012 〜 2023 年に「無期常用労働者」として計上されている者の数値をもとにしている. また、有期雇用者については 1990 〜 2003 年に「一時的な職に就いた者」として、2003 〜 2023 年に「臨時労働者」として計上されている者の数に、2012 以降に計上されるようになった「有期常用労働者」の数を加えた数をもとにしている. 内定率は、現在公表されている平成 8 年以降のものを使用したため、それ以前のデータは含まれていない.
(3)　居神浩『大卒フリーター問題を考える』ミネルヴァ書房, 2005 年.
(4)　2015 年に大手広告会社電通社員の高橋まつりさんが過労自殺した事件は、社会に大きな衝撃を与えた. 高橋幸美『過労死ゼロの社会を ── 高橋まつりさんはなぜ亡くなったのか』連合出版, 2017 年.

（5）　本田由紀『若者と仕事 ―「学校経由の就職」を超えて ―』東京大学出版会，2005年．中村高康「日本社会における『間断のない移行』の特質と現状」溝上慎一・松下佳代編『高校・大学から仕事へのトランジション』ナカニシヤ出版，2014年．

（6）　濱口桂一郎『新しい労働社会―雇用システムの再構築へ』岩波新書，2009年．

（7）　乾彰夫『＜学校から仕事へ＞の変容と若者たち 個人化・アイデンティティ・コミュニティ』青木書店，2010年．

（8）　柴沼俊輔「キャリア教育前史① ― 職業指導から進路指導への展開 ―」『初めて学ぶ教職　キャリア教育』ミネルヴァ書房，2020年．

（9）　谷田川ルミ「戦後日本の大学におけるキャリア支援の歴史的展開」名古屋高等教育研究，第12号，2012年．

（10）　永作稔・三保紀裕編『大学におけるキャリア教育とは何か：7人の若手教員による挑戦』ナカニシヤ出版，2019年．

（11）　安田雪『大学生の就職活動　学生と企業の出会い』中公新書，1999年．

（12）　豊田義博『就活エリートの迷走』ちくま新書，2010年．

（13）　森岡孝二『就職とは何か ― ＜まともな働き方＞の条件 ―』岩波新書，2011年，石渡嶺司・大澤仁『就活のバカヤロー』光文社新書，2008年．

（14）　松下佳代「大学から仕事へのトランジッションにおける＜新しい能力＞その意味の相対化」溝上慎一・松下佳代編『高校・大学から仕事へのトランジション』ナカニシヤ出版，2014年．

（15）　喜多村和之『大学淘汰の時代 消費社会の高等教育』中公新書，1990年．

（16）　乾彰夫・児島功和「後期近代における＜学校から仕事への移行＞とアイデンティティ『媒介的コミュニティ』の課題」溝上慎一・松下佳代編『高校・大学から仕事へのトランジッション　変容する能力・アイデンティティと教育』ナカニシヤ出版，2014年．

第 4 章
大学における学生の位置付けと役割

米津　直希

はじめに

　本章の問題関心は、大学において学生はどのように位置付けられ、どのような役割を果たすことが必要なのかを検討することにある。それは、大学が学術の中心としてその求められている役割を十全に果たし、学生が充実した学びを得られるようにすることと関わっていると考えるからである。

　しかしながら、現在の多くの学生や大学組織にとって、学生が教育を受ける（講義やゼミを受講する）以外の部分で大学に関わることについて、リアリティを持ちにくいことも事実であると考える。そのため本章では、近年の大学における学生の状況を確かめつつ、これまで大学における学生の位置付けがどのように考えられてきたのか、またどのような取り組みが行われてきたのかを整理することで、「学生が大学に関わること（学生参加）」[1] についてのいわば解像度を上げることで、学生が大学との関係を考えることを狙いとしている。また場合によっては学生自らの学習環境整備などについても考えるきっかけとなることを期待している。こうしたことが、特に学生との関係性における重要な大学評価だとも考えている。

1．学生を取り巻く環境と学生参加の現状

　「学生参加」は、大学がその社会的役割を果たすために構築すべき「学問研究共同体」の形成に関わって重要な要素として位置づけられてきた。高柳信一は、大学が自治を主張するためには、大学内部において「高度に自由な体制」を確立する必要があり、そのために学生による「主体的関心と率直な批判」や若手研究者（大学院生を含む）の発言を重視する必要があること、そうでなければ大学の自治が「独善」に陥る恐れのあることを指摘した [2]。すなわち、大

学が学問の自由の上に立って真理の探究を目指すのであれば、学生も含め、構成員が平等である「学問研究共同体」を形成する必要があると述べた。

　しかし現在、大学について関心を寄せる学生は様々な形で存在するものの、それが具体的な学生の団体活動（学生自治会など）として行われていたり、「大学自治」と結びついて機能していたりするものは必ずしも多くない。現在の多くの学生にとって、大学の構成員として主体的に関わるということが実感を伴っているとは考えにくく、同時に学生を「大学運営の構成員」だと認識している大学の教職員も必ずしも多いとは言えないだろう。こうした役割の中心にあった「学生自治会」は、現在では必ずしも活発に活動していない [3]。もちろん現在も活動を続けている団体も存在するし、大学そのものや高等教育政策を考える学生の存在が定期的に報じられることから、関心がなくなったわけではないことは察せられるが、拠点としての学生組織が十分に機能していないことは象徴的な事態ではある。学生自治会活動の縮小と、それによる大学への要求の受け皿の減少や啓蒙団体としての機能の縮小により、大学そのものに関わるという意識自体が薄くなってきたと推察できる。

　現在は学費の高騰で学生、大学双方の「消費者意識」が高まったことによって、大学教育をサービスとして提供する・される意識が強まったことも「学問研究共同体」形成を阻害する要因の一つと考えられる。学生自身が主体的に働きかけることで学習・生活環境を整えながら「大学生活をつくる」という考え方よりも、消費者としてサービスの向上を訴えるという考え方の方が受け入れやすくなっているのではないか。加えて、そもそも大学生活の満足度が高いことから、これ以上の改善を求めていない可能性もある [4]。また、学生が大学に長時間滞在することも少なくなっていることから、生活や学習の環境としての大学という位置付けが希薄になっていることも考えられる [5]。仮に関心のある学生がいたとしても、アルバイト等への従事率の増加 [6] や、インターンシップなどの就職活動の多忙化によってそうした活動に充てる時間を捻出できないことも注目すべき点である。

　一方で、高額の学費を支払っている「消費者」であるならば、サービスに対して一定程度の要求する権利があるというロジックは成り立つ。こうした意識がある程度働いていることは、コロナ禍でキャンパスに入れず、オンライン授業へ移行され、各種施設の利用が停止された際に、学費減額・返還の運動が起こったことからも推察できる。支払いに対する正当な対価が提供されていないことへのごく自然な反応だといえる。一方でこの運動が、学費減額・返還を求めながらも、運動を通して大学教育に対する理解を深めることとなり、大学へ

の正当な要求を「学生の権利」として指摘するまでに至っていることは重要な点である [7]。

このことからうかがえるのは、組織としての「学生自治会」等については、平常時に参加する学生は多くないが、困ったことや訴えるべき事態がおこれば学生は声をあげることがある、ということである [8]。もちろん、そうしたハードルは必ずしも低くないため、学習環境等への少々の不満について学生が組織的に声をあげることが多いとはいえない。

なお先の学費減額・返還運動については、多くの大学では返還できない旨の通知があったのみで、学生との直接的な対話、説明はなかったことも同時に確認しておきたい [9]。この点が重要であると考えられる理由は、大学側が十分に説明責任を果たしていないという意味以上に、声を上げた学生との応答・対話という学生教育の機会を失っているというにおいてである。学生が声を上げても、それを意見を表明する学生の学びに繋げられるかどうかは、大学の受け入れ態勢にも関わっている。

以上のことから、「学生参加」の現状を以下の様に整理したい。①大学がその社会的役割を果たすために構築すべき「学問研究共同体」には学生の主体的な関与が重要な要素であるが、現在では学生、大学双方に課題があり必ずしも実現されていない。②学生が大学に対して継続的に要求する場や機会が充実しているとはいえない。③一方で学生自身も必要性があれば学費減額・返還要求などの要求行動を起こし、かつ、その行動を通して大学への理解や運動の見直しが行われることがある。④他方、学生の要求行動に対する大学側との継続的な対応がなければ、大学教育全体への学生の学びの深まりは限定的になってしまう。換言すれば、学生が大学（≒自らの学習環境）に関わり、その中で学生間、大学関係者、場合によっては大学に関心を持つ外部者などとのやりとりを通して学ぶことによって、大学改善（大学評価）にもつながる可能性があることに意識を向ける必要があると考える。

しかしながら、大学はその組織構成員の特質上、非常に流動的であることから、現況をもとに大学と学生参加のあり方を導き出すことは難しい [10]。そのため次節では、大学における学生参加のあり方にどのような形態がありうるのかについて、学生自治会が活発に活動し、その大学への参加やあり方が課題となっていた 1970 年前後にまとめられた「大学における学生の地位」を用いて整理したい。

2「学生自治」の理論整理

(1) 理論の背景と概要

兼子仁は、「大学の組織原理としての学生の地位に関する諸認識」の整理として、学生の地位についての説を6つにまとめている。これをまとめるにあたって兼子は大学の大衆化に触れているが、この時期（1970年前後）の大学進学率は20％を超えた頃であり、いわゆる「マス化（大衆化）」を迎えた段階であった。この量的変化をもって、兼子は①とりわけ所属階層の多様化が大学全体に質的変化をもたらすこと、②大多数が私立大学の学生であり、なるべく安い学費で教育を受ける権利を保障することが必要であること、③大学教員が少なすぎることで、教育に力を入れれば研究が滞り、研究に力を入れれば十分な教育責任を果たせないことを指摘している。なお当時のST比は約26人（助手を含めて17.7人、国立は8.3人、私大は29.6人）と計算されている[11]。

学生の地位に関する説は、①「教授対象者・営造物権力服従者」説、②「批判的学習者」説、③「固有な大学構成員」説、④「学問共同研究者」説、⑤「教育要求者」説、⑥「主体的学習者」説である。概要を図示したものを引用する。

「学生参加」に着目すると、限定付きでの承認、否定、積極的肯定があり、積極的肯定が多数である。以下では学生参加について「限定付きでの承認、否定」

学生の地位	大学教育観	大学自治の性格	学生参加 その主目的
①教授対象者、営造物権力服従者	研究発表＝教授 管理的教育観	学問研究者の自治	限定付き承認 学内意思疎通
②批判的学習者	研究発表＋自学	職業的研究者の自治＋学生自治	否定 抵抗権のみ肯定
③固有な大学構成員	教科中心の教授	教授団と学生集団との協議体制	積極的肯定、固有権の行使
④学問共同研究者	研究・教育の新統一	学問研究共同体の自治	積極的肯定、共同研究生活の形成
⑤教育要求者	研究職能活動と教育職能活動の分業と協業	研究自治＋教育自治	積極的肯定、教育を受ける権利の行使
⑥主体的学習者	自主的計画学習	全学協議体制＋学生自治	積極的肯定、協働意思決定

図1　兼子による学生の地位に関する6説[12]

第 4 章　大学における学生の位置付けと役割

の立場と、「積極的肯定」の立場に分けて、これらの考え方の違いに焦点化して整理する。以下の丸付き数字は図 1 の説にそれぞれ対応している。

（2）学生参加について限定付きでの承認、および否定の立場 [13]

①「教授対象者・営造物権力服従者」説では、限定付きでの学生参加を承認している。この説によれば、大学における学問の自由は大学教員等に与えられた特別な自由であり、学生はその結果を教授される対象者であって、施設等の利用においても、教員の有する特別な学問の自由と自治によって得られたものの利用者であるという認識である。東大学生ポポロ劇団事件に対する最高裁大法廷判決（1963 年 5 月 22 日）等がその根拠とされ、今日でも代表的な認識である。

学生参加については、中教審答申「『学園における学生の地位について』の中間報告（草案）の解説」（1969 年）において、「その正当な要請を大学が適切に受け止めるための恒常的な体制を整え、全学的な意思疎通の道を開くとともに、学生の希望や意見を大学の意思形成の過程に取り入れて、大学の運営と教育・研究の活動を積極的に改善する契機とすることであり、あわせて、学生参加の体験を通じて学生の社会的成熟が助長されることを期待するものである」との意義が示されている。ただし学生自治会については、当時の大学紛争等を背景にその運営の適正化が求められた。つまり、大学自治会は大学の管理と規律のもとに置かれるべきだとされた。

②「批判的学習者」説では、教員と学生とを「教員自治」と「学生自治」の担い手として明確に区別している [14]。学生は「批判的学習者」として大学の目的とする学問研究と教育に貢献する存在ではあるが、教員の決定や措置に対する抵抗権はストライキによる不信任の表明などによって行われるべきものだとする。すなわち、例えば総長選挙などにおける「意向投票」のような制度内に学生を参加させるのではなく、「学生自治」の原則に基づき、抵抗権の行使によって意思を表明すべきとの考えである。

これらの説では、あくまで教員が大学自治の主体である。そのうえで、学生参加の位置付けを検討している。

（3）学生参加について積極的に肯定する立場 [15]

③「固有な大学構成員」説では、教員と学生とがそれぞれの立場、役割に「固有の利害と権利」をもつこと、その上で「全体として一つの大学社会を構成していく」という大学像を想定している。教員と学生との間は「割り切られた権利関係」で結ばれるとする。そしてその具体的な権利についても、教員と学生

とが討議を通じて深めていくこととしている。教員と学生を別個に切り分ける点は②「批判的学習者」と共通しているが、共に大学を構成するという点で、学生参加に一歩踏み込んでいる。

④「学問共同研究者」説は主に高柳信一が主張している。大学における研究・教育は真理探究を目的としており、学生と教員はともに「学問の共同研究者」だとする立場である。大学がその役割を果たすうえで、新たな知見を創造すること、またその過程を重視するのであれば、学生にもそうした学問の自由に主体的に参加させるべきであり、学生は学問研究共同体の構成員として積極的な参加が求められるとする。高柳は、一部の学生ではなく「学生全体の意思がこれを決定しうるような、真の学生自治の体制」の確立を前提としつつ、「学生自治を大学自治の重要な一環と考え、これを大学自治の体制内に基礎づけることが必要」だとしている[16]。

⑤「教育要求者」説は教育科学、教育法学の立場からの説で、1970年代当時では新説とされていた。「教育を受ける権利」の保障を前提とし、そこでの教育は「学生一人一人が専門的知性の創造を通してかれ等の人間的能力を全面的に開発し人間（性）を豊か」[17]にするべきものだと考える。その実現のために大学は「教授・学生集団によって社会化された形で集団的に運営されなければならない」とする。背景には大学の大衆化による教育要求の変化（特に職業教育に類する要求）に対して、恒常的・組織的な教育責任体制をいかに確立していくか、という問題意識がある。ここにおいて学生は「教育を受ける権利」の行使として教育要求を出しながら、その管理運営に参加することとなる。後述する学生FDは、この組織化に近いのではないかと考えている。

⑥「主体的学習者」説は、当時の大学紛争の際に学生が主張していた見解を兼子がまとめたものである。ここでは学生自治を大学自治の中における一つの独立したものとし、完全な自治権が保障されるべきだとする。こうした立場にある学生は、「大学の構成員として教官と対等であるから、大学の管理運営は教官だけではなく学生をふくむ諸階層の共同意思決定によるべき」だとする。また、こうした「大学の民主化」のために「教授会自治」を認めない立場をとる。

(4) 教育機能としての学生参加

上記の整理がされた1970年は大学紛争が問題とされていた時期であり、これらを含んだ大学問題の顕在化とともに検討されたものである。「学生自治会」の存在が前提となっていることも当時の特徴の一つである。現在でも活発に活動している学生自治会も存在するが、比較すれば全体としてその数は減少して

おり、当時のそれと同様に語ることは難しい。とはいえ、前述したように大学改善を求める学生の声は消失したわけではなく、量的には減少したものの、その主たる目的の変化、それによる組織形態、方法の多様化と捉える必要がある。

　併せて着目したいのは、学生参加と教育機能との関係性である。「学生自治活動」を教育の対象とすべきでないという考え方は上記の説で散見されたが、教育を積極的に位置付けるものや、学生の声を大学の機能の中に活かすべきだという考え方も見受けられた。現代の状況に照らし合わせれば、大学における学生の活動は、それが学生教育に資するもの（関わるもの）であるべきだという考えには、大枠で賛同を得られるものと考える。

　以下では学生参加に関わるそうした活動として、「学生 FD」を中心に参考にしながら、その活動の意義と可能性、及び課題について検討したい。

３．近年の「学生参加」の様子

（1）学生 FD について

　大学設置基準の改訂により、2008 年度から「大学は、当該大学の授業の内容及び方法の改善を図るための組織的な研修及び研究を実施するものとする」（第25 条の３）とされた。いわゆる、FD の義務化である。しかし FD が義務化されても、教職員が主体で取り組むだけでは必ずしも授業が改善されない、あるいは効果が見えにくいという問題意識があった。そのような中で、複数の大学で学生を FD に位置付ける取り組み、学生 FD が注目された。木野茂によれば、学生 FD は「授業や教育の改善に関心をもつ学生が、その改善のために学生自身が主体的に取り組む活動であり、大学側との連携を求めるものを指す」[18]ものである[19]。

　学生 FD の取り組みを記した『大学を変える、学生が変える　学生 FD ガイドブック』（木野茂編、2012 年 3 月 30 日、ナカニシヤ出版）では、こうした学生 FD の代表的な取り組みとして、岡山大学の事例を紹介している。岡山大学では教育開発センターが 2004 年に「学生・教職員教育改善専門委員会（Sweet FooD)」を設置した。前身である「学生・教員 F D 検討会」における学生の提案が重視され、教員のみから構成された上部組織である「FD 専門委員会」とほぼ同等の権限をもつこととなったことで、学生の提案が直接大学に伝わることとなった。2005 年度からは、「『教員中心』の大学から『学生中心』のそれへという発想の転換」を学生主体で推し進め、「学生 FD に携わる全国の大学生

および教職員の交流を促進するためのフォーラム」である i*See や、学生発案型授業の創作などが行われた。

　同著ではその他に法政大学社会学部、大阪大学、追手門学院大学などの取り組みを紹介している。木野によれば、こうした取り組みの共通点は「学生スタッフが学生 FD 活動を行うだけでなく、その過程を通じて自らの成長を目指していることであり、また教職員は学生を引き回すのではなく学生スタッフを支えながら、学生自身の成長を願っていること」だと述べている。

　なお、岡山大学の取り組みについては「学長の交代や成立期から長年組織をけん引してきた教員の転出、特色 GP 期間終了による予算規模の変化」などにより、「各学部から推薦された学生委員，教員委員，事務職員で構成され，岡山大学で約 20 年にわたって継続した公的な委員会形式の学生参画型 FD 組織は学生・教職員教育改善部会の廃止とともに終了」した[20]。

　以上のように、大学改革・改善に熱意を持った学生、教員によって学生 FD は現在でも盛んに活動しているが、中心となった教職員の移動等により組織・活動が無くなる事例もあり、継続性の困難さについても注意する必要がある[21]。

（2）学生参加による高等教育の質保証について

　近年の学生参加に関するトピックとして、「欧州高等教育圏における質保証の基準とガイドライン（ESG：Standards and Guidelines for Quality Assurance in the European Higher Education Area)」が注目される。これは「欧州高等教育圏内における内部質保証、外部質保証並びに質保証機関に関する基準とその運用のためのガイドライン」で、学生を中心に置いた教育のあり方を重視するところにその特徴がある[22]。

　山田勉は、高等教育の質保証にいかに学生参加が関与しうるかという観点から、ESG 及び関連文献を、批判的かつ慎重に検討している。山田は 2015 年に採択された ESG（ESG2015）の到達点を、内部質保証については、学生の参加範囲を①「単純な意見表明から『プログラムの設計と承認』と『プログラムの継続的モニタリングと評価』に拡大」したこと、②学生を「〈質保証に責任を持つ、組織における当事者〉と表現」したこと、③「学生の学習経験の質を考慮するため」の基準化と、④財源確保と活用を、ガイドラインにおいて機関に要請したことを、外部質保証においては、「学生を含む専門家集団による実施を基準として義務化」したことを挙げている[23]。

　一方課題として、学生参加が質保証につながるためには、「学生が何に・どのように参加すれば良いのかを客観的に示し、学生参加が質保証につながるのは

なぜなのか」を明らかにする必要があると述べている。この結論として山田は、学生参加は「大学の組織学習に有効な（略）フィードバックを提供することができるような参加」が適切だと述べている。ここには「組織代表である学生が参加しているという正統性によって組織が説明責任を果たすことが、今日の学生参加の焦点ではな」く、学生参加によって「組織として根本的な問題を発見し修正することが求められている」という考え方が通底する。こうした「参加」を可能にするために、内部質保証及び外部質保証において段階的に高等教育に関する知識を得て、建設的な議論ができるようになることが必要だとされる[24]。

　同著は理論研究であるがゆえに、高等教育の質保証に学生を位置付けようとすれば、そもそも学生に一定の能力が備わっていなければ評価者足り得ないと読み取れる内容ともなっており、そうした点は「規範的アプローチ」の限界だとしている。つまり ESG において想定されている枠組みで高等教育の質保証を行おうとすれば、学生にとってはそれなりに高いハードルとなりうるということである。山田もその困難さについては指摘しているが、そのハードルを超える有用性についても言及している[25]。

おわりに　― 学生参加を検討するにあたっての視点 ―

　大学における学生参加については、理論的には 1970 年時点において一定程度の整理がなされ、それが大学改善と学生の教育に資するものになりうる可能性も示されていた。しかし当時の情勢とも相まって、学生参加は大学に抑え込まれる形で、かつての活発さは徐々に失われていった。しかし大学におけるFD 活動の義務化や、各種政策により再び大学における学生参加が検討されるようになってきた。各大学における FD の取り組みからは、大学教育を改善することと同時に、活動を通した学生の学びを重視していることが見てとれた。また ESG からも、学生参加を大学の質保証に位置付ける取り組みにおいては、前提として学生の学びが重要であることを示していた。両者に通底しているのは、活動そのものに加えて学生の学びを重視していることである。大学への関わりを通じて学生は成長するし、その成長した目線を持って大学改善により大きく貢献できるであろうことが示唆される。一方でそうした活動は中心的な人物が卒業・離職することで活動が停滞するなど継続性に課題があることから、活動を有用なものにするためには、その活動の実施方法やそれを支える組織のあり方を検討する必要がある。

また、こうした組織や活動を作ることには別の困難も伴う。田中は、1990年代以降の「学生自治会」をめぐる動きとして、一橋大学の学長選考における学生参加の廃止を文部省（当時）が迫ってきたことを紹介しつつ、「政策的要因によって、学生の位置付けは変容していったとみる視点」が必要だと指摘している[26]。「学生自治会」は「学生参加」を考える際にどうしても想起させられるものであるが、こうした活動には強い制約がかけられてきた経過がある。一方で、2000年6月に出された『大学における学生生活の充実方策について（報告）－学生の立場に立った大学づくりを目指して－』（通称、「廣中レポート」）のように、学生中心の大学にしようという考え方もあり、「学生参加」はやや難しいバランスの中で様々な態様を展開している。

　以上のことを前提として最後に指摘しておきたいのは、学生参加は学生の学習環境や大学における生活環境を整えること、その学びに資するためにある、ということである。だとすれば重要なのは、学生が自らの大学生活に問題意識を向けて考えることであり、その始め方やあり方は学生の数だけある。まずは自分の所属する学部・学科・研究室における過ごしやすさ、学びやすさを考え、身近な他者と共有することから大学の学生参加は始まるのではないだろうか。

---

(1)　本章では「学生参加」を用いるが，意味としては「学生が大学に関わること」という意味で使用している．本来は類似の用語を定義し使い分ける必要があるが，ここでは「学生が大学に関わる」という点のみに着目することで厳密な使い分けは行なわないこととする．また「大学に関わる」とは，大学運営全般に関わること，例えば授業改善や学習環境整備などの学生に直接関わることから，大学の方針のようなレベルのものも想定している．言い換えれば，どのレベルの運営に関わるかにより，「参加」「参画」「自治」等の使い方は変化すると考える．

(2)　高柳信一『学問の自由』，岩波書店，1983年2月1日，p.131.

(3)　参考までに，「全日本学生自治会総連合（全学連）」の活動を調べてみると，ブログ「【全学連ニュース】全日本学生自治会総連合」は2015年10月31日，X（旧Twitter）は2016年4月12日を最後に更新されていない．もちろんこれをもって全ての活動が休止したと断ずるものではない（閲覧は2024年2月29日）.

(4)　全国大学生活協同組合連合会「第58回学生生活実態調査」（2023年3月1日）によれば，大学生活が充実していると答えた学生は87.5%で高水準である.

(5)　同上の実態調査から，キャンパス滞在時間の平均は6.5時間である．オンライン授業の影響も考えられるが，昼食を挟んでおおよそ3コマ受講して帰宅する程度の滞在

第 4 章　大学における学生の位置付けと役割

時間である．

(6)　岩田弘三「近年における学生アルバイト従事率急増の要因」，『武蔵野大学教養教育リサーチセンター紀要』，2019 年 3 月 1 日．

(7)　光本滋『二〇二〇年の大学危機 — コロナ危機が問うもの —』，クロスカルチャー出版，2021 年 5 月 31 日，p.88-89.

(8)　コロナ禍における学費問題意外にも，龍谷大学経営学部における未ゼミ問題への学生の動き，京都府立大学北山エリアの開発問題に対する「北山エリアを考える府大生有志の会」の動きなど，学生生活に関わる課題について学生が主体的に検討している活動がある．

(9)　光本滋　前掲書，p.88．なお，同著によれば京都橘大学では学長による学生自治会を通した説明会が実施された．

(10)　学生は基本的に 4 年間のみの組織構成員であり，近年は教員も流動化が促進されていることから，活動が一過性のものになりやすいのも事実である．

(11)　兼子仁「大学における学生の地位 — 研究と教育との関係にふれて —」（日本法社会学会編『大学問題の法社会学的研究』有斐閣、pp.2-4）より．現在の ST 比は，朝日新聞と河合塾が共同で調査を行なったものがある．学部により大きく差がある．全体では 20 人前後が参考数として挙げられるが，例えば人文学部だと国立 33.9 人，公立 22.1 人，私立 29.3 人である．医学部，薬学部などが平均を押し下げている（河合塾『Guideline』2017 年 11 月号（https://www.keinet.ne.jp/teacher/media/guideline/backnumber/2017.html，2024 年 2 月 29 日閲覧）より）．

(12)　兼子仁「大学における学生の地位 — 研究と教育との関係にふれて —」，日本法社会学会編『大学問題の法社会学的研究』有斐閣，p.7。

(13)　本節は兼子仁「大学における学生の地位 — 研究と教育との関係にふれて —」，（日本法社会学会編『大学問題の法社会学的研究』有斐閣，pp.5-9）より引用した．

(14)　なお，文献では「教官」を使用しているが、本章では「教員」を用いている．本来は意味が異なるが，大学における職業的研究者を示す言葉としては共通しているため，現代の「教員」に統一する．

(15)　本節は他の引用注があるものを除き，兼子仁「大学における学生の地位 — 研究と教育との関係にふれて —」，（日本法社会学会編『大学問題の法社会学的研究』有斐閣，pp.9-15）より引用した．

(16)　高柳信一「大学の自治と学生の自由」，有倉遼吉『大学改革と学生参加 — 諸大学の実例・資料と解説 —』，成文堂，1969 年 10 月 25 日，p.7.

(17)　括弧内は引用者による．

(18)　木野茂編『学生、大学教育を問う　大学を変える、学生が変える 3』，2015 年 9 月 20 日，ナカニシヤ出版，p.2．木野は本書で複数の大学の学生 FD を紹介しつつ，自身も「学生 FD サミット」に実践的に関わっている．

(19)　なお学生 FD に類する活動として，後述した通り岡山大学の「学生参画型 FD」がすでに 2000 年前後に活動を始めている．「学生 FD」，「学生参画型 FD」などの用語の

43

整理やその活動等の変遷については，中里祐紀「学生参画型 FD 研究の現状と課題」（『東京大学大学院教育学研究科紀要（62)』，2023 年 3 月 30 日，pp.419-427）に詳しい．

(20)　中里祐紀「学生参画型 FD の成立と変容 ― 岡山大学を事例として ―」，『東京大学大学院教育学研究科紀要（61)』，2022 年 3 月 30 日，pp.163-164.

(21)　加えて，FD の場では必ずしも主題となりにくい（学費問題などの）学生の生活に即した困難や意見が現れうるのかどうか，大学としては触れられたくない内容（龍谷大学における「未ゼミ問題」など）についての学生の意見を吸い上げることができるのかなど，検討するべき点はあると考える．

(22)　大学評価学位授与機構「高等教育に関する質保証関係用語集」，独立行政法人大学改革支援・学位授与機構『大学質保証ポータル』，（https://niadqe.jp/glossary/5205/），（2023 年 8 月 31 日閲覧).

(23)　山田勉『学生参加による高等教育の質保証』，東信堂，2021 年 2 月 5 日，pp.41-42.

(24)　同上，pp.104-105.

(25)　同上，p.106.

(26)　田中秀佳「参加の今日的意義と課題 ― 新自由主義大学ガバナンスの批判的検討 ―」，『学生帝京短期大学紀要』，18，pp.119-126，2014 年 3 月.

第5章
高等教育の漸進的無償化

石井　拓児

はじめに

　本章では、大学生や短大生、専門学校生にとって無償で教育を受ける機会が保障されていることが、ひとりひとりの成長と発達にとってどれほど重要なことなのかを考える。無償の高等教育が提供されることが豊かで実りのある学生生活を保障することにつながり、そして、卒業後の充実した人生へとつながる。

　そのために、①高等教育をめぐる国際的な合意水準を確かめ、日本における大学・高等教育授業料の異常な状況を検証する。さらに、②授業料以外に負担の大きい教材費や実習費、あるいは交通費や住宅費の問題を検討し、最後に、③高等教育の漸進的無償化を日本でも措置するために、私たちはどうすればよいのかを考察する。

　なお、本稿では、「高等教育」「大学」それぞれの用語の意味を分けて使用している。高等教育（higher education ／ tertiary education）とは、初等教育（primary education）、中等教育（secondary education）に次ぐ第三段階の教育のことを意味し、大学（大学院）・短大のほか、高等専門学校や専門学校を含む。前者を「大学型高等教育」といい、後者を「非大学型高等教育」とよぶ。

　したがって本章でいう「高等教育の漸進的無償化」とは、単に大学の授業料の無償化のことを意味するのではなく、高校卒業後の青年の多くが人間的自立・専門的自立・職業的自立を目指して学ぶ場所や機会のほとんどを指し、これらの学習機会における授業料その他の費用を無償措置することを意味している。このことは、高等教育の財政制度を考える上できわめて大事なことであるため、最初に確認しておきたい。

１．国際的合意水準からみた日本の高等教育の現状

（1）高等教育無償化をめぐる国際的合意水準

　まず、高等教育無償化をめぐる国際的合意としてもっとも重要なものは、1966 年に定められた「国際人権規約社会権規約」というものがある。この条約は「経済的、社会的及び文化的権利に関する国際規約」ともいい、さまざまな人権保障のなかのひとつに「教育を受ける権利（学ぶ権利）」を位置づけている。同 13 条 1 項では、「この規約の締約国は、教育についてのすべての者の権利を認める」とし、2 項（C）で「高等教育は、すべての適当な方法により、特に、無償教育の漸進的な導入により、能力に応じ、すべての者に対して均等に機会が与えられるものとすること」としている。

　つまり、国際条約では、大学や短大だけではなく専門学校など、高校を卒業したあと資格を取得するための学習機会を含め広く無償で提供することを、政府に求めているのである。国際的には、広く高等教育を無償で措置している国が一般的である。

　ところが日本政府は、1979 年にこの条約に批准したにもかかわらず、2 項（c）の批准を拒否して「留保」とした（これと、中等教育の無償化の漸進的導入を義務付けている 2 項（b）についても留保した）。日本政府のこの態度は、中等教育と高等教育の無償化措置からはっきりと背を向けるものであった。このあと確かめるように、2012 年に留保撤回がなされるまで、日本の高校・大学授業料は値上がりを続け、専門学校等の職業訓練学校は財政的な支援措置の対象外であり続けた。

　国際人権法の分野では、「無償」概念の意味することろについて、さらに深まりを見せている。本条約 13 条に関する国際人権理事会の特別報告者であったトマゼフスキーは、本条項がすべての締約国の「即時的義務」であるとし、初等教育の具体的な無償範囲として、教科書、文房具、教材、教育設備、給食、制服、親からの義務的徴収費、副教材費、課外活動費といった費目をあげ、「中等・高等教育は初等教育の無償範囲に準ずる」としている[1]。

　つまり、本条約に参加する国の政府は、「高等教育の漸進的無償措置」として、授業料をできるだけ速やかに無償として措置するように求め、さらに教科書・教材費や課外活動費といった学習・研究活動に必要とされる費用についてもできるだけ措置することが義務付けられているのである。

（2）日本における授業料・奨学金その他の費用について

　ひるがえって、日本では、政府が長くこの条項を保留してきたことにより、青年期の学ぶ環境は、他国と比べても著しく劣悪な状況にある。

　第一に、大学授業料が非常に高い水準にある。例えば、文部科学省『諸外国の教育統計（2022年版）』を用いて4年制大学の「大学生の学生納付金」を国際比較してみよう。

表1　授業料の国際比較

	国立（州立）	私立	備考
日本	535,800円（国立の標準額、2022年）	930,943円（2021年、全国平均額）	初年度には入学料がかかる。国立大学は282,000円、私立大学は245,951円(平均)。
アメリカ	1,031千円（州立、2019年）	3,612千円（2019年）	州立大学・私立大学ともに入学料はない。授業料には実験費や演習費が含まれる。
イギリス	1,409千円（公営私立、2021年）	ヨーロッパの場合、ほとんどの学生は国立（州立）大学に通い、私立大学の収容定員はそれほど多くない。イギリスのように政府からの財政措置で維持される公営私立（Government-dependent private institution）も数多く設置されている。	イングランド最高額。つまり、いちばん授業料を支払っている人の金額のこと。入学料はない。
フランス	22千円（国立、2021年）		「年間学籍登録料」のこと。このほか、キャンパス生活納付金11,000円を納付することで、キャンパスの福利厚生施設を自由に使用できる。入学料はない。
ドイツ	45,2千円（州立ボン大学、2023年半期）		この金額には、公共交通機関が無料となる「学生パス」代や、キャンパスの福利厚生施設を利用できる学生福祉会経費が含まれる。入学料はない。21世紀以降、多くの州で授業料導入の動きがあったが、大規模なデモや州議会選挙における与野党の入れ替わりなどによってほぼ全州で授業料は廃止されている。

＊「諸外国の教育統計」（2023年版）より著者作成

　一見すると、日本は、アメリカやイギリスと比べると、同程度もしくはそれよりも安い納付金が設定されているようにみえるが、この数字にはカラクリがある。例えばイギリスでは、1997年まで授業料は無償であったが、その後、授業料制度が導入され、さらに大幅な授業料値上げが行われたのは2012年度からである。つまりイギリスで授業料が高くなったのは、ごく最近のことにすぎないのである。しかも、この授業料は、「後払い」であって入学時や在学中の支払義務はなく、卒業後も十分な所得がない場合には支払いが免除されることになる。

アメリカの授業料は、いわゆる「店頭表示価格（sticker price）」であって、多くの学生はこれほどの授業料を負担していない。自分の生活状況や家族の収入の状況に応じてディスカウントされるからである（実際に支払う授業料のことを「純授業料（net tuition）」といい、各大学のホームページには、実際に支払う授業料がいくらになるのかを計算する「授業料計算機（net tuition calculator）」がおかれている）。

例えば、年間授業料が 400 万円とも 500 万円とも噂される超名門私立のハーバード大学は、店頭表示価格としての授業料設定に対し、低所得世帯への授業料その他の経済支援がきわめて充実している。アメリカの大学で教鞭をとるアキ・ロバーツによると、同大学は年収 6 万 5 千ドル（1 ドル 150 円換算でおよそ 975 万円）以下の世帯を低所得世帯の基準とし、「それ以下の世帯所得の学生の大学生活にかかる費用は、授業料も含めて全部カバー」する。また、15 万ドル（1 ドル 150 円換算でおよそ 2,250 万円）までの世帯所得の学生にも「大学生活にかかる費用の 90％以上を大学が補助」するため、「15 万ドルまでの世帯所得のハーバード生は大学生活の費用の心配をしなくてもよい」のだといい、アメリカではこれが他の大学でも一般的な状況だという[2]。

ここから言えることは、アメリカの授業料が高く設定されているのは、相当に年収の高い裕福な家庭にできる限り教育費負担をお願いし、そのことによって、中間層以下の幅広い階層の学生については基本的には授業料を無償で措置するとともに、さらには学生生活費を含めた支援を措置しているということになる。合理的な社会公正の仕組みと言いうるであろう。

フランスとドイツの学生納付金は、「授業料」ではない。この納付金は、学生の福利厚生のために使われるものであり、例えば健康保険料がこのなかから支払われ、公共交通機関の利用が無償となるパスがもらえる。あるいは大学施設内で安く食事が提供されたり、スポーツジムなどトレーニングのための施設やプールを利用したりすることもできる。

第二に、日本の奨学金制度の場合、多くが貸与制で、給付制の対象が非常に狭いために、卒業後に巨額の返済債務を背負うこととなっていることである[3]。この点も、海外では、多くの国で返済不要の給付制の奨学金制度があり支給対象範囲も広く、一部の国ではほぼ全ての学生が受給している（スウェーデンほか）。

第三に、日本では、専門学校等の授業料も非常に高いという問題がある。東京都専修学校各種学校協会が行っている調査によれば（2022 年度）、初年度納付金（専修学校専門課程昼間部の平均）は、看護分野で 115 万 6 千円、臨床検査・

48

診療放射線・臨床工学分野で 146 万 6 千円、理学療法・作業療法分野で 177 万 6 千円となっている。そのほか、自動車整備分野で 126 万 2 千円、理容・美容分野で 140 万 5 千円、栄養・調理分野で 140 万 2 千円、アニメ・声優・ゲーム分野で 128 万 9 千円、情報処理・IT 分野で 120 万 1 千円となっている。入学金や授業料のほかに、実習費や設備費といった名目での費用負担が大きい点に特徴があるが、1 年間の費用としては私立大学もしくはそれ以上というかなり大きな負担となっていることがわかる。

OECD は、高等教育進学率について、大学型高等教育と非大学型高等教育に分けて進学率を示し、日本の場合、OECD 諸国に比べて大学型高等教育機関に進学する割合が低く（OECD 平均 62％に対し日本は 51％）、非大学型高等教育機関に進学する割合が高い（OECD 平均 17％に対し日本は 27％）。これは、4 年制の大学に比べて 2 年制の課程をおく専門学校のほうが授業料等の負担が相対的に軽くなっていることにより、大学型高等教育機関への進学希望者のうち経済的な負担が難しい場合に、非大学型高等教育機関への進学に吸収されているものとみられる[4]。

第四に、大学型高等教育機関に通う場合であっても非大学型高等教育機関に通う場合であっても、授業料以外の負担が非常に大きいことを指摘する必要がある。実習経費や教材・書籍費・パソコン代など、学修に必要な経費の負担ももちろんであるが、それ以外にも、交通費や、自宅外生の場合には住宅費の負担が大きい。果たして、これらの費用負担は仕方がないものと考えてよいであろうか。この点でも、海外の制度事例では、学生の経済的支援を充実させていることが注目される。次に、この点について検討してみることにしよう。

2．青年期の学ぶ権利は生活保障とともにある

(1) なぜ日本の学生はアルバイト漬けになるのか

一般的に、「日本の大学は入るのが難しいが、出るのは簡単」と言われる。同じように、「日本の学生はアルバイトばかりしている」とも言われる。また、「日本の学生は自立していない（親に依存している）」と言われることもある。逆に、諸外国で、高等教育機関で学ぶ学生が日常的に毎日のようにアルバイトばかりしているという話はほとんど聞かない。予習や復習を含めしっかり学ばなければなかなか卒業することが難しいからであろう。むしろアルバイトをしている余裕などない、ということになるのだろうか。

日本の学生の多くは、親からの経済的な支援のもとに、アルバイトをしてわずかな小遣いを稼ぐ、というのがおそらく一般的な姿であろう。加えて、アルバイトしなければとても生活を維持するのが難しいという学生が相当数存在していることや、授業料や生活費をアルバイトや奨学金を使ってすべて自分自身の稼ぎによって生活している学生が一定数存在しているうえに、さらには稼ぎの一部を家族へ仕送りしている学生もいることを忘れてはならない。

　全国大学生活協同組合連合会が毎年行っている学生生活実態調査報告書（2023年3月1日、第58回調査）によれば、1ヶ月の生活費のうちアルバイト収入の平均は、自宅生で40,910円、下宿生で32,340円となっている。アルバイト収入への依存度（小遣い・仕送りや奨学金等の収入合計に占めるアルバイト収入の割合）は、2010年と比較してみると、自宅生で50.18％から63.57％へ、下宿生で17.86％から26.02％へといずれも高まりをみせている。相対的に依存度を下げているのは奨学金ということになるが、将来の返済負担を考慮してできるだけアルバイト収入を重視するようになったためであると考えられる。

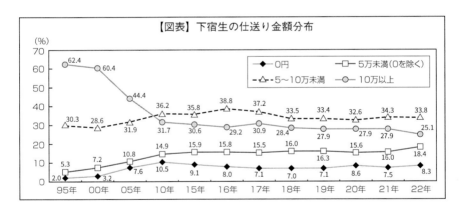

　図表は、下宿生への仕送り金額の分布を経年であらわしたものである。90年代には仕送り10万円以上の割合が6割を越していたが、2022年には25.1％まで大幅に下落している。仕送りが5万円以下もしくは仕送り0円の割合が大幅に増え、両者を合わせると26.7％で4人に1人の割合となっている。

（2）食費・交通費・住居費の動向

　学生生活費における主な支出は、自宅生の場合は食費と交通費、下宿生の場合は食費と住居費である。自宅生の場合、大学と自宅との間の交通費がかかる

のに対し、下宿生の場合は大学の近くに住むことにより、比較的交通費負担は
小さくなる。とはいえ、下宿生の場合にも、アルバイトへ行ったり部活動やサー
クル活動等で移動したりするため、交通費の負担は生じている。

　1か月の平均的な支出は次のようになっている。下宿生の住居費はほぼ水準
を維持しているが、自宅生の交通費が減少している。これは、できるだけ自転
車等を使って交通費の負担が少なくなるよう努力している傾向とみてよいであ
ろう。これに対し、住居費や食費は、減額する努力をしようとしてもなかなか
難しい。下宿生の1ヵ月の食費は24,130円となっているが、1日で804円とい
う計算になる。これをさらに1日の食事の回数「3」で割れば、1回の食事に
かけている費用は268円となる。大学生の生活状況は相当に苦しいと言わなけ
ればならない。

【自宅生】

	2010年	2013年	2016年	2019年	2022年
食　費	11,010円	11,460円	12,580円	13,850円	11,390円
交通費	9,760円	8,860円	8,830円	8,160円	9,340円

【下宿生】

	2010年	2013年	2016年	2019年	2022年
食　費	23,510円	23,980円	24,770円	26,390円	24,130円
住居費	54,640円	53,050円	51,990円	53,930円	53,020円

3．高等教育の無償化措置と青年期の「成長発達する権利」の保障

（1）青年の「成長発達する権利」を保障するとはどういうことか

　本書の大事な視点は、青年の「成長発達する権利の保障」である。青年期
は、子ども期と同じくらい、飛躍的な人間発達を成し遂げる重要な時期である。
単に勉学の機会が与えられていればよいというものではなく、適切な食事と住
環境が与えられ、部活動やサークル活動に参加し（逆に個人的な趣味を徹底的
に追究してそれを職業に結びつける人もいる）、友だちや仲間との交流を通じ、
あるいは旅行やレジャーの機会を含め、青年期にこそ必要な豊かな社会経験・
人生経験が不可欠であると考える必要がある。

このように考えることができれば、「すべての青年の権利を保障するために
は、国と地方自治体はどのような義務を負うことになるか」と考えるのが、社
会保障や教育制度の考え方の大事なポイントになる。例えば、「すべての青年
に適切な食事と住環境を保障する」ということが社会全体の合意になれば、す
べての青年向けに1か月の食費代が給付され、必要な青年には条件の良い部屋
もしくは住宅ができるだけ安く提供されることになる。おそらくそれは、給付
金の場合には「青年手当制度」として、住宅家賃が補助される場合には「青年
住宅支援制度」、無償（もしくは低額）で住宅が提供される場合には「青年住
宅入居制度」といったものとして制度化されることになる。そう考えるために
こそ、青年期の成長発達する権利の内実を確かめ、そのひとつひとつの内実が、
「人間としての尊厳」であり「生きるための権利」だということを確かめなく
てはならないのである。
　私たちが持って生まれた「生きる権利」とは、やりたいことの何ひとつもで
きないまま、アルバイトに明け暮れながら、ただ過ぎていく時間のなかで将来
展望を失っていくということではないはずだ。すべての青年は、青年期という
固有の時期にアイデンティティを形成する。そのなかで、自分らしさの本当の
姿を見つけ「生き方」を決定するし、それまでの家庭から次第に離れていきな
がら、自立した自分自身の「家庭」をつくりあげていくことになる。ぜひ、そ
のために必要な諸権利とは具体的にどのようなものなのか、洗い出す作業をし
てみてほしい。

(2) 青年期社会保障制度の具体化と高等教育の無償化措置

　こうした青年期に固有の権利を確かめ、社会全体で合意を形成してきたから
こそ、海外の多くの国では、青年全体に対し、「特別」な社会保障制度（すな
わち青年向け社会保障制度）を措置している。働いていたとしても、一般の大
人と比べてもまだ所得が低かったり、高等教育に通う青年の場合には、そもそ
も収入が十分になかったりするからである。
　だからこそ、大学型であろうが非大学型であろうが高等教育はおしなべて無
償で提供されることが一般的であるうえに、学生の場合には給付型の「奨学金」
を、学生でない場合には給付型の「手当金」を、それぞれ普遍的に措置してい
る。加えて、きわめて安価で良質な住宅提供まで措置するのが一般的であるし、
交通費（バス代・鉄道代）を安くしている国もある（鉄道系のカードは作成す
るためにわざわざ生年月日まで登録させられている。だとしたら、子どもから
18歳以降の30歳までの青年たちの交通費を半額に設定することぐらい、シス

テム上は簡単にできるはずだ）。こうした国々で、大学授業料の無償化措置や奨学金の拡充措置が、「大学生にだけ恩恵を与える差別だ」と考える人はほとんど少数である。

したがって、私たちが考える高等教育の無償化とは、働く青年も含めたすべての青年の学び育つ権利を保障する社会保障制度＝すなわち普遍的制度として構想され、その一環に位置づくものとなる。

（3）近年の高等教育無償化政策を批判的に検討しよう

こうした「権利としての高等教育」という考え方と照らし合わせた時、日本政府がすすめている「高等教育無償化政策」は批判的に検討される必要がある。政府は、2018 年 6 月「経済財政運営と改革の基本方針 2018（いわゆる骨太の方針）」において、「意欲ある子供たちの進学を支援するため、授業料・入学金の免除または減額と、返還を要しない給付型奨学金の大幅拡充により、大学、短期大学、高等専門学校、専門学校を無償化する」（傍点は筆者）との方針を決めた。これが 2020 年 4 月からスタートした「高等教育の修学支援新制度」である。しかし、「無償化する」と言いながら、私たちの国の授業料は相変わらず高いままである。一体どういうことなのだろうか。

この制度では、支援の対象となる学生には厳しい要件がかけられている。つまり、支援対象者は厳しくされる選別的無償制度であるという点に特徴がある。ホームページでは、「世帯収入や資産の要件を満たしていること（住民税非課税世帯及びそれに準ずる世帯）」と「進学先で学ぶ意欲がある学生であること（成績だけで判断せず、レポートなどで学ぶ意欲を確認）」と書かれている。制度創設当初には、奨学金は入学前から申請することができるが、授業料が免除されるかどうかは入学後に申請するという問題もあった。支援制度が利用できるかどうかわからないまま進学先を受験せねばならず、制度の利用がそもそも難しかった。また、入学後も大学での勉学の状況を常に審査されるため、生活が苦しく深夜のアルバイトに従事せざるを得ないような学生が在学中に審査に落ちてしまう場合がある。

この制度は大学だけでなく、短大や高等専門学校、専門学校でも利用できる。ただし、この制度を利用できる大学や専門学校も毎年確認審査を受けなければならず、条件を満たしていなければ制度の対象から除外されてしまう。利用者は、自分の進学先が制度利用対象校となっているかどうかをあらかじめ見極めねばならないという手間を負い、進学先が制度利用の対象校でない場合には進路を変えなくてはならなくなる。

こうして、制度導入時の 2020 年には、約 4880 億の予算規模でおおよそ 51 万人を対象として設計されたが、利用者は 27 万人にとどまっている。現在の制度では、住民税非課税世帯（年収約 270 万円未満が目安。以下同じく年収は目安）で最大年約 161 万円の支援が受けられる（授業料の減額と給付型奨学金の支給の合計）。支援額は年収に応じて減額され、年収約 300 万円未満では 3 分の 2、年収約 380 万円未満では 3 分の 1 になる。文部科学省は 2023 年に 4 月、これを年収 600 万円の世帯まで広げるとしながらも、「扶養する子どもが 3 人以上いる多子世帯」と「私立の理工農系の学生の世帯」に対象を限定している。ここに政府の理工農系の人材を育成したいという思惑が強く働いていることを確かめることができるが、これが政府の「高等教育無償化政策＝選別的無償制度」の根本的な問題点である [5]。

　対象範囲を政府のさじ加減で決めるような制度では、子どもや青年ひとりひとりの夢や将来像にそった進路選択ができなくなってしまう。私たちは、ホンモノの高等教育無償化とは何かを、本格的に追究しなくてはならない。

おわりに
― 高等教育の無償化をめざす新しい社会を創造する ―

　以上のように、高等教育の無償化をめざす新しい社会は、「青年期に固有の成長発達の権利」の自覚のうえに創造されることになる。音楽やスポーツを楽しむこと、それまで体験したことのない海外旅行や海外ボランティアに参加してみること、夢中になって本を読み、夢中になって仲間と会話することも、すべて青年期における成長発達の権利である。

　もちろんアルバイト等を通じて働くことの意味を考え、働くことの価値や働く人々の尊厳に気づくことだって、とても大事なことだ。しかし、生きるために際限のないアルバイト漬けの毎日を多くの学生が過ごさざるを得ず、あるいは経済的理由によって「ブラックバイト」からの離脱ができず、違法な暴力的環境や低賃金等の劣悪な労働環境で働かされてしまうのは、何よりも青年の成長発達の権利を保障する社会保障制度およびその一環である高等教育の無償措置制度が未整備であるがゆえに生じていると言わなければならない。

　自分自身の「尊厳」に気づくこと、このことも青年期の成長発達のひとつである。自分自身の「尊厳」を知ることがなければ、青年たちは、現代日本の過酷な労働現場に防具を持たずに投げ出されてしまうことになるしかないからで

ある。現実に、今もなお、痛ましい青年たち・若者たちの過労自殺事件として引き起こされていることを私たちは絶対に忘れてはならない[6]。

　青年の生きる権利を保障する新しい社会は、「互いの尊厳」の尊重を通じた「連帯する社会」にほかならない。青年の人間としての尊厳が尊重されれば、自分自身の尊厳に気づいた青年たちはやがて、自己の尊厳とともに他者の尊厳をも大事に思えるようになるであろう。尊厳が切り裂かれて人間らしく生きることが難しい社会をこのままにしておくのか、それとも、「互いの尊厳」を尊重しあう社会に向けて一歩を踏み出すのか、その選択は私たち自身の手にかかっている。

【参考文献】

(1)　田中秀佳，2014，「国際人権法における教育の漸進的無償化」，『日本教育法学会年報』，43.

(2)　アキ・ロバーツ・竹内洋，2017，『アメリカの大学の裏側』，朝日新書，（pp.119-120）．

(3)　警察庁の自殺統計データでは，2022年から自殺の原因・動機の項目に新たに「奨学金の返済苦」を加えている．2022年で10人，2023年で6人となっているが，奨学金の返済負担によって家族関係がうまくいかなくなったり，精神的な疾患を抱えるようになったりする事例もあると考えられることから，奨学金が絡む自殺者の数は，さらに大きくなる可能性がある．

(4)　矢野眞和・濱中淳子，2006，「なぜ大学に進学しないのか」，『教育社会学研究』，79.

(5)　中嶋哲彦，2020，『国家と教育 ― 愛と怒りの人格形成 ―』，青土社，（pp.308-313）．

(6)　石井拓児，2021，『高校生・若者と考える過労死・過労自殺』，学習の友社．申惠丰，2020，『国際人権入門 ― 現場から考える ―』，岩波新書．渡部昭男，2019，『能力・貧困から必要・幸福追求へ ― 若者と社会の未来をひらく教育無償化 ―』，日本標準ブックレット．

第6章
卒業してからの学費問題／奨学金返済問題

西川　治

1　無視できない「奨学金破産」

1．1．「奨学金破産」

　2018年、「奨学金破産、過去5年で延べ1万5千人　親子連鎖広がる」として、日本学生支援機構（以下、「機構」といいます。）に奨学金を借りた本人、連帯保証人、保証人のうち、奨学金を返しきれずに自己破産した人が2012～2016年度の5年間で1万5338人に上るとの報道がされました[1]。

　この人数が多いか少ないか、どう評価すればよいでしょうか。

　例えば、「奨学金破産」は年あたり3067.6件で、2012～2016各年度末時点の日本学生支援機構貸与奨学金の要返還者の平均361.5万人[2]で割り算すると1万人あたり約9.7件です。他方、2012～2016年度の5年間の自己破産件数（会社などの法人を除く。）は平均6万9680件で[3]、2016年4月1日時点の日本の20歳以上人口1億0494万人[4]で割り算すると1万人あたり約6.6件ですから、奨学金を借りていると破産しやすいとも思えます。

　しかし、世の中には借金がない人もたくさんいますが、借金がないのに破産するというのはめったにありません[5]。2人以上世帯の38.6％、単身世帯の16.4％は借金があるという調査がありますから[6]、仮に20歳以上人口の25％を「借金のある人」とすると、自己破産件数は借金のある人1万人あたり約26.6件で、「奨学金破産」の割合の3倍近くになります。

　「奨学金破産」には、借りた本人だけでなく、連帯保証人や保証人の破産も計上していますから、借りた本人に限定すれば、さらに差は開きます。

　これを踏まえると、自分が奨学金を利用するかどうか、今後の自分の返済をどうしていくかを考えるにあたっては、奨学金を借りている人が、一般の借金のある人に比べて破産しやすいわけではないという知見から、破産のリスクをあまり心配する必要はない、といえましょう。

　他方、奨学金制度や政策を論ずるに当たっては、単に人数や割合だけを見る

のではなく、本来想定される「奨学金破産」の水準と比較して、「過去５年で延べ１万５千人」が多いか少ないかを検討しなければなりません。

奨学金利用者は借金のある人よりも全体として高学歴で、その結果として収入も比較的安定している傾向があると考えられますし、一般的な借金よりも利息が低く、借入れの目的も明確であること、保証人等がいるときは保証人等に迷惑を掛けたくないと考えて破産等の法的整理を避ける傾向もあることから、一般の借金のある人よりも破産する人が少ないと予想できます。

もっとも、これらの事情を踏まえた、本来想定される「奨学金破産」の水準を推計することは、資料不足のために現状では困難です。制度・政策論としては、「奨学金破産」の件数が多いか少ないかの評価は、現状では困難ということになります。

１．２．「破産予備軍」

それでは、「奨学金破産」は一部の例外的な人たちの話なのでしょうか。

自己破産した人たちの背後に、多くの返済困難に陥っている人たちがいるのであれば、「一部の例外的な人たちの話」とは言えません。返済困難に陥っている人たち＝「破産予備軍」がどのくらいいるのかを推計してみましょう[7]。

破産ができるのは、債務を支払えないときです（破産法 15 条１項）。債務の支払いが止まっているときも、実際は債務を支払えるとの証明がない限り、破産が認められます（同条２項）。そうすると、奨学金を延滞中で解消が難しそうな人、延滞が続いて保証機関が代わりに機構に返済（代位弁済）した人、返還猶予や減額返還が認められており当面解消が難しそうな人は破産法上、破産が認められそうです。なお、「奨学金破産」が 2012 〜 2016 年度の値であることを踏まえ、2016 年度末時点での「破産予備軍」を推計しています。

ア　延滞中の人　12 万 2731 人

2016 年度末の３か月以上延滞者は 16 万 0580 人です[8]。

機構は延滞者向けのアンケートで今後の返還見通しを尋ねていますが、返還予定額の半額程度が限界、半額程度も返せない、まったく返還できない、わからないといった回答が回答者の 58.52％を占めます。返還予定額どおり返還できる、半額程度より多く返還できると回答した人の中にも、返還が難しいとみられる年収 200 万円未満の人が少なくなく、回答者全体の 17.91％を占めています[9]。

実際は返還できないと回答した人にも返還可能な人は含まれ、逆に年収

200万円以上で返還できると回答した人にも返還不能な人は含まれるでしょうが、これらの相当部分は相殺されると考えられますから、残る差は無視して、延滞中の人のうち「破産予備軍」は16万0580人×（58.52％＋17.91％）＝12万2731人と推計してよいでしょう。

イ　代位弁済された人　7910人

　機構は、原則として延滞9か月で代位弁済（保証機関から滞納者の残債務全部が支払われること。その後は保証機関が滞納者に請求する。）としていました。9か月も延滞が続き、機構が本人からの回収を断念したわけですから、代位弁済された人は全員「破産予備軍」としてよいでしょう。

　2016年度の代位弁済件数は7910件でした[10]。

ウ　返還猶予中の人　5万5666人

　機構では、低収入の場合や病気で働けない場合などに、返還をしばらく待つ返還猶予制度を設けています。返還猶予を受けた後、通常どおり返還できるようになった人は51.4％にとどまるため[11]、残りの48.6％を「破産予備軍」とします。2016年度の1年を通じた「病気中」「生活保護」「経済困難・失業中等」「所得連動」[12]による返還猶予承認件数は14万9117件ですが[13]、これを年度末の人数に補正すると11万4540件[14]、これに48.6％を乗じると5万5666人となります。

エ　減額中の人　9135人

　機構では、低収入の場合に返還額を2分の1や3分の1にする減額返還制度を設けています。上記ウと同様に、2016年度の1年を通じた減額返還承認件数2万1013件[15]を年度末の人数に補正した1万6140人に、減額返還の「破産予備軍」の割合56.6％[16]を乗じると9135人となります。

　ア～エの合計19万5442人は少なくない人数ですが、割合でみれば2016年度末時点の要返還者398.5万人[17]の4.9％であり、奨学金返還者の多くが現に破産の危機に直面しているというわけではありません。

　また、「破産予備軍」のうち約33％が返還猶予・減額返還を利用しているとの点は、奨学金制度に設けられた救済制度により、破産等をせずに済んでいると積極的に評価できます。他方、返還猶予・減額返還利用者のその後を調査すると、通常どおり返還できていない人が約半数を占めており、返還猶予・減額

返還による救済にも限界があることが窺われます。

1.3. 誰もが無縁でない「奨学金破産」

　機構の調査を見ると、返還できている人も19.6％は延滞した経験があります。延滞は本人や家族（親を含む。）の失業、病気やけが、低収入などで始まり、すぐに解消できないと延滞額が増えてしまい、さらに解消が難しくなるという傾向がみられます[18]。

　大学や専門学校を卒業したからと言って、誰でも安定した仕事に就け、多少なりともゆとりのある収入が約束されるという雇用環境にはありません。転職に失敗したり、けがや病気により仕事を失ったり、仕事はあっても収入が安定しなかったり、低賃金のままだったりといったことは決して少なくありません。

　そもそも、大卒の平均的な収入があっても、女性が都市部で一人暮らしをしながら奨学金を返していくことは容易でなく、男性も収入下位25％では同様です（表1）。家族が増えれば生活費も増えますし、出産は女性の収入に数年単位で影響しますから、奨学金の返済はライフプランにも影響を及ぼしかねません。

表1．大卒者の手取収入と生活費の比較

単位：万円／月		大卒者の奨学金返済後の手取収入						単身者消費支出
		平均			第1四分位数			
返済パターン（返済月額）		返済無	無利子(1.4)	有利子(2.7)	返済無	無利子(1.4)	有利子(2.7)	
女性	20〜24歳	18.4	* 17.0	** 15.7	* 16.6	** 15.2	** 13.9	16.1
	25〜29歳	20.6	19.1	* 17.9	* 17.8	* 16.3	** 15.1	
	30〜34歳	23.0	21.5	20.3	* 18.7	** 17.3	** 16.0	18.2
男性	20〜24歳	19.5	18.0	* 16.8	17.8	* 16.4	** 15.2	15.6
	25〜29歳	23.4	21.9	20.7	20.0	18.5	* 17.3	
	30〜34歳	27.6	26.2	24.9	22.3	20.9	19.6	16.9

　厚生労働省 賃金構造基本統計調査（平成27年度）、平成26年全国消費実態調査より筆者作成
　無利子は、私立・自宅通学の上限額を4年間利用
　有利子は、上限（月12万＋入学時特別増額50万）利用。利率は0.2％（特別増額は0.4％）。
　** は、手取収入が単身者消費支出未満であること、* は差額が2万円未満であることを示す。
　単身者消費支出の家賃は4万円程度であり、* は都市部で家賃を払うと赤字になる可能性が高い。

　貸与制奨学金を利用する場合、誰でも、将来、返済に困難を抱える可能性があると考えておくべきでしょう。ただし、「誰でも」可能性がありますが、可

第6章　卒業してからの学費問題／奨学金返済問題

能性が「高い」わけではありません。多くの返還者は問題なく返還していますし、多少の困難があっても返還完了に至る人が多数を占めています。

　加えて、後記のとおり複数の救済制度がありますから、奨学金を利用する必要がある、又は利用が望ましい家計状況であれば、利用を躊躇する必要はありません[19]。ただ、返還中に返すのが難しい状況になったら、早めに救済制度を利用しましょう。

2　奨学金の返済が難しいとき

2.1．機構が設ける返済が難しいときの救済制度

　奨学金の返済が難しい場合、一定の条件に該当すれば、機構が設けている救済制度などを利用できます（表2）。ただし、このうち「返さなくて済むもの」は返還免除だけであり、それ以外は返済を先送りするものです。

　一時的に返済が困難な場合、返還期限猶予を利用すると、無理なく返済を再開することが可能になりますから、延滞を放置したり、少額だけ払ったりせずにきちんと申請することが重要です。失業や回復する見込みのある病気、けがなど、最大数年程度で回復するものであれば、これだけで対応できることが多いでしょう。重い病気やけがの場合も、まずは返還期限猶予を申請しておき、重い後遺症が残ったと判断された段階で、返還免除の手続を取ることとになるでしょう。

表2．主な機構の返済に関する制度

制度	内容	条件	主な注意点
返還免除	返す必要がなくなる。	本人が死亡又は重い障害を負ったこと	障害の場合、免除額が一部にとどまる場合がある。
返還期限猶予	当面の間、返さなくてよい。	収入が少ないこと、病気やけがで働けないことなど	最大10年まで。病気けが、生活保護、猶予年限特例など期間制限がない場合もある。
減額返還	当面の毎月の返済額を4分の1〜3分の2に減らす。	収入が少ないこと、病気やけがで働けないことなど	最大15年まで。減額返還中に延滞すると遡って減額返還が取り消されることがある。
所得連動返還	前の年の所得に応じて返還額が自動的に変わる。	平成29年度以降の無利子奨学金採用者のうち、所得連動返還を選択している人	前年の所得により決まるため、急に収入がなくなった場合などには間に合わず、別途返還期限猶予で対応することになる。

2.2．裁判所を通じた債務整理による解決

　しかし、返還が厳しい状況がずっと続いたり、ほかにも借金が増えて手に負えなくなったりすることもあります。奨学金自体を借り過ぎていて全部返す見通しが立たない場合を含め、表2の制度では対応しきれない場合は、自己破産や個人再生を検討することになります（表3）。弁護士に相談し、それまでの経緯や住宅ローン、連帯保証人や保証人の有無などを踏まえて方針を決めます[20]。

表3．借金が返せなくなったときに利用できる主な制度

制度	内容	条件	主な注意点
自己破産	借金の返済が原則としてすべて不要になる。 財産があれば処分して返済に充てられ、返しきれなかった部分のみが返済不要となる。	現在の収入や財産では借金を返していけないことなど。	生活に必要な財産や当面の生活費（1人暮らしなら数か月分）、破産後の収入や新たに得た財産は残せます。
個人再生	借金の一部を3〜5年の分割で支払えば、残りの返済が不要になる。 財産を処分する必要はないが、財産の価値が高いときは返済額が増えることがある。	収入があり、一部を分割返済できる見込みがあることなど。	返済額は100万円〜残額の20%が多いですが、事案により増減します。

　奨学金の返済に困り、自分ではどうしたらいいか分からないということはよくあります。私が事務局次長を務めている奨学金問題対策全国会議は、奨学金の返済に困った人の相談を受け、制度を活用して生活の立て直しを応援しています。これから進学する方や在学中の方からの相談も対応しています。同時に、そういった相談や支援から見えてくる、いまの奨学金制度の不十分な点について政策提言を行うなどして、奨学金制度の改善も目指しています[21]。

3　「卒業してからの学費問題」としての奨学金問題

3.1．高等教育の学費負担軽減を進めた奨学金返還問題

　奨学金の返済問題をいち早く問題提起したのは労働組合でした。労働相談をしていると奨学金が返せないという悩みが出てくるというのです。組合役員が一緒に機構に行き返還期限猶予の申請をするなど地道な活動を行っていました。

　私は、大学1〜2年は学生寮にいましたし、学生自治会で「学費値上げ」[22]をしないよう求める活動の中心も担っていましたが、奨学金が返せないという

第6章　卒業してからの学費問題／奨学金返済問題

問題は視野に入っていませんでした。周囲も同様であったと記憶しています。かつては「借金してでも卒業すれば何とかなった」のかもしれませんが[23]、雇用環境の変化から、もはやそのような前提で考えられる時代ではありません。

卒業してからも「学費問題」は続きますが、逆に「卒業してからの学費問題」に注目が集まったおかげで、高等教育の学費負担軽減が進んだ面もあります。規模が限られるなどまだまだ改善は必要とはいえ、国レベルの給付制奨学金や国公私立を通じた授業料免除制度、貸与奨学金の所得連動返還の導入など、この10年ほどで大きく制度改善が進んでいます。

3.2. 学費・奨学金問題に理解を得るために

最後に、民主主義国家で学費・奨学金の問題を解決するには、究極的には国民の広い理解を得ることが重要です。

私はある程度年輩で、自身が奨学金を利用したという人の方が、むしろ奨学金の返済問題を理解してくれないという感覚を持っていました。たしかに、高度経済成長期のように物価も賃金も上昇していた時期には、現在より学費が安かったことに加え、借りた額をそのまま返せばよい無利子奨学金の返済の負担はかなり軽かったはずです。これをグラフにしたのが図1です。

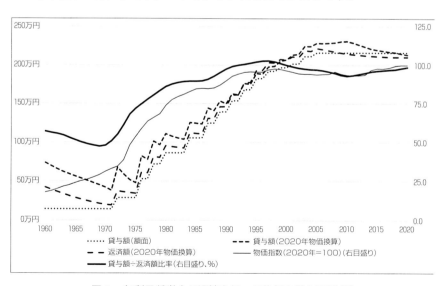

図1．無利子奨学金の返済負担への物価変動の影響[24]

無利子奨学金を借りて4年で卒業した学生（国公立大学・自宅通学）が、順調に奨学金を完済したときに、物価上昇の影響でどのくらい返還の負担が軽くなった（重くなった）かを試算したものです。破線が右肩上がりになっているように、奨学金の貸与額自体も増えていますが（≒学費が高くなった）、太線が示すとおり、1960～1970年頃の入学者は返還時に物価が大きく上昇したため、実質的に借りた額の半額程度を返せば済んでいました。これに対し、近時は貸与額をほぼそのまま返還しているのですから、返還の負担は段違いです。

　実際はこのグラフを見せた程度で奨学金返還問題を理解してもらえるほど甘くはありませんが、こういった工夫を重ねることが重要であると考えています。

---

(1)　諸永裕司・阿部峻介，奨学金破産，過去5年で延べ1万5千人　親子連鎖広がる，朝日新聞，2018-2-12，https://digital.asahi.com/articles/ASL1F7SBXL1FUUPI005.html，（参照 2021-01-09）.

　なお，大学と大学院で利用するなどした場合は複数人としてカウントされるため，1万5338人は実数ではありません（後述の要返還者数も同じ.）. また，記事からは明らかではありませんが，機関保証利用者の破産がカウントされていない可能性があります.

(2)　①機構政策企画部広報課，JASSO 年報平成26年度，2015，https://www.jasso.go.jp/about/organization/__icsFiles/afieldfile/2021/02/17/annrep14_2.pdf，（参照 2023-08-28）.

　②機構政策企画部広報課，JASSO 年報平成27年度，2017，https://www.jasso.go.jp/ about/organization/__icsFiles/afieldfile/2021/02/17/annrep15_2.pdf，（参照 2023-08-28）.

　③機構政策企画部広報課，JASSO 年報平成28年度，2017，https://www.jasso.go.jp/about/organization/__icsFiles/afieldfile/2021/02/17/annrep16_2.pdf，（参照 2023-08-28）.

(3)　最高裁判所，司法統計各年版，2013～2018，https://www.courts.go.jp/app/sihotokei_jp/search，（参照 2023-08-28）.

(4)　総務省統計局，人口推計 ― 平成28年4月報 ―，2016，https://www.stat.go.jp/data/jinsui/pdf/201604.pdf，（参照 2023-08-28）.

(5)　借金がないのに破産する例としては，事故によって多額の損害賠償義務を負ってしまったものの，払えないので破産するといった場合が挙げられます. なお，本稿では，分かりやすいよう，こういった債務も含め「借金」と表記することがあります.

(6)　①金融広報中央委員会，家計の金融行動に関する世論調査［二人以上世帯調査］平

成 28 年 調 査 結 果, 2016, https://www.shiruporuto.jp/public/document/container/yoron/futari/2016/pdf/shukeif16.pdf, （参照 2023-08-28）.

　　②金融広報中央委員会, 家計の金融行動に関する世論調査［単身世帯調査］平成 28 年調査結果, 2016, https://www.shiruporuto.jp/public/document/container/yoron/tanshin /2016/pdf/shukeit16.pdf, （参照 2023-08-28）.

(7)　この推計は当職の調査ですが, 結果は注 1 の 2 日後の記事に掲載されています. なお, 本稿執筆にあたり, その後発表された資料等を踏まえて若干の修正を加えています.

　　諸永裕司・阿部峻介, 奨学金破産・上・娘が破産　400 万円の重荷, 朝日新聞, 2018-2-14.

(8)　機構奨学事業戦略部奨学事業戦略課, 平成 28 年度奨学金の返還者に関する属性調査結果, 2018, https://www.jasso.go.jp/statistics/shogakukin_henkan_zokusei/__icsFiles/afieldfile/2021/03/09/h28zokuseichosa_shosai.pdf, （参照 2023-08-28）.

　　なお, 機構は 1 日以上延滞者数も公表していますが, 早期に延滞を解消できた人は破産しないと考えられるため, 3 か月以上の延滞者数を基礎としています.

(9)　機構奨学事業戦略部奨学事業戦略課, 平成 27 年度奨学金の返還者に関する属性調査結果, 2018, https://www.jasso.go.jp/statistics/shogakukin_henkan_zokusei/__icsFiles/afieldfile/2021/03/09/h27zokuseichosa_shosai.pdf, （参照 2023-08-28）.

　　なお, 今後の返還の見通しの質問は平成 28 年度調査以降省略されたため, 1 年古いものを引用しています.

(10)　注 2 ③に同じ.

(11)　機構債権管理・回収等検証委員会, 平成 27 年度債権管理・回収等検証委員会報告書, 2016, https://www.jasso.go.jp/about/disclosure/iinkai/saikenkanrikaishuutou/__icsFiles/afieldfile/2021/02/24/27saikenkanrikaishuutou_houkoku.pdf, （参照 2023-08-29）.

　　2013 年度末に返還猶予を受けていた人の 2 年後（2015 年度末）の状況を調査したものです. その後の同種調査がないため, 少し古いですがこれを引用しています.

(12)　この「所得連動」は, 経済困難・失業中等による返還猶予の期間制限（10 年）が適用さないもので, 現在は「猶予年限特例」と呼ばれるものです。

(13)　注 2 ③.

(14)　2016 年度のデータは得られないため, 2014 年度末の返還期限猶予制度利用者数 9 万 2341 人÷ 2014 年度の「経済困難・失業中等」による返還期限猶予制度承認件数 12 万 0216 件 = 76.8％を乗じた. 出典は注 11, 2 ①.

(15)　注 2 ③.

(16)　注 11.

(17)　注 2 ③.

(18)　機構, 平成 30 年度奨学金の返還者に関する属性調査結果, 2020, https://www.jasso.go.jp/statistics/shogakukin_henkan_zokusei/__icsFiles/afieldfile/2021/03/09/h30zokuseichosa_shosai.pdf, （参照 2023-08-29）.

(19)　家族構成や在学する学校，学部系統，成績等によっては，より有利な制度が利用
　　できる場合もありますので，機構の奨学金が常にベストというわけではありませんが，
　　機構の奨学金を利用したことが間違いという例はまずないでしょう．

(20)　債務の内容や返済が難しくなった経緯などによっては，自己破産や個人再生以外
　　の枠組みが利用でき，より少ない負担で解決できることもあります．

(21)　今でこそ，機構のウェブサイトを調べれば，返還期限猶予や減額返還が利用でき
　　る基準も載っていますが，かつてはほとんど説明も載っていませんでした．延滞金の
　　減額，返還期限猶予の上限延長（5年→10年），減額返還制度の新設など，この10数
　　年で返還困難な場合の制度は一定の充実をみましたが，その背景には労働組合や法律
　　家が奨学金ホットライン（電話相談）を実施して，返還期限猶予の申請に同行するなど，
　　返還困難者対策の充実を求めてきたことがあります．

　　　なお，残念ながら，機構の奨学金には表2のほか独自又は稀な制度が少なくありま
　　せんが，弁護士の大半はこれらについて十分な知識がありません．自己破産や個人再
　　生であれば問題なく対応できることが多いでしょうが，奨学金問題対策全国会議など，
　　奨学金について一定の知識・経験のある人に相談することが望ましいでしょう．

(22)　当時の国立大学は入学金と授業料が毎年交互に値上げされ続けており，私立大学
　　でも学費が毎年上がっていくのは普通のことでした．国会でも，奥島孝康・新たな学
　　生支援機関の設立構想に関する検討会議座長・早稲田大学前総長（当時）が「今、大
　　学へ進みたいという意欲と能力のある者にとって大学に進むことが困難であるという
　　のは、経済事情によって困難であるということはほとんどあり得ない」（平成15年5
　　月13日参議院文教科学委員会）と発言するなど，いわゆる「苦学生」は過去の話，と
　　いう感覚が支配的でした．

　　　なお，この学費値上げの論拠とされたのは，「大学で学ぶコストは，大学で学んで利
　　益を受ける者が負担すべき」という「受益者負担論」でした．

　　　2019年，新型コロナウイルス感染症対策として多くの大学が対面式授業を取りやめ
　　たことを受け，授業料の半額返還を求める動きがありましたが，その理由は「リモー
　　ト授業で質が落ちたから授業料を半分返してほしい」というものでした．これは，「サ
　　ービスの質が低下したから料金を下げよ」という主張であり，「サービスに応じた料金
　　（授業料）を払うべきだ」という「受益者負担論」と同様の発想です．

　　　学費負担軽減を求める側が（学生を受益者とする）「受益者負担論」を持ち出すとい
　　うのは従前なかったことであり，学生や親は大学教育を「買う」「客」であるとの認識
　　が定着したと捉えることもできるでしょう．その是非は本稿では論じません．

(23)　ただし，正社員として就職した男性だけかもしれません．

(24)　貸与額（国公立大・自宅通学）は独立行政法人日本学生支援機構法施行令（平成
　　16年政令第2号），日本育英会法施行令（昭和59年政令第253号）及び日本育英会法
　　施行令（昭和19年勅令第271号）並びにこれらを改正する政令を官報で調査したもの
　　です．

　　　この48か月（4年）分を「貸与額（額面）」，入学年からその3年後までの4年間に

12 か月分ずつ貸与を受けるものとして，次の消費者物価指数で 2020 年物価に換算した額を「貸与額（2020 年物価換算）」，入学の 4 年 6 か月後から 18 年 6 か月後まで 14 年かけて毎月同額ずつ返還するものとして，次の消費者物価指数で 2020 年物価に換算した額を「返還額（2020 年物価換算）」，「貸与額（2020 年物価換算）」を「返還額（2020 年物価換算）」で除した比率を「貸与額÷返還額」としました．「14 年」は現在の貸与額での返還期間ですから，この試算が実際の返還方法とすべて一致しているとは限りません．

「物価指数（2020 年 = 100）」の出典は次のとおりです．

総務省統計局．消費者物価指数／ 2020 年基準消費者物価指数／長期時系列データ　品目別価格指数　全国　年平均　持家の帰属家賃を除く総合（1947 年〜最新年）．2023, https://www.e-stat.go.jp/stat-search/files?stat_infid=000032103937,（参照 2023-08-29）.

第 7 章

子どもと学生が育ち合う
学習支援の実践をめざして
― 瀬戸市学習教室ピースの実践から ―

川口　洋誉

　経済的困難を抱える子どもへの学習支援の実践じたいは、1980 年代ごろから一部の自治体のケースワーカーなどのボランティアによってはじまったものである。子どもの貧困対策推進法や生活困窮者自立支援法の制定（2013 年）などの政策展開・法整備は従来からの学習支援実践に財政的な裏付けを与えるとともに、国内各地で新たな学習支援事業をスタートさせる契機となった。学習支援は、経済的困難を抱える子どもを対象に学習やそれによって得られた学歴を通して貧困からの離脱を図ることを支援するものであり、福祉行政が所管することも多いため、表面的・外形的に教育福祉の実践・政策・制度ということができる。

　教科指導とのバランスに葛藤しながらも、子どもたちの困難に向き合いながら信頼関係をベースにした居場所づくりに努める学習支援の実践者も多くいる。しかし、学習支援の広がりのなかで、民間の学習塾や個別指導教室の受託も増え、課題プリントをこなし、知識詰め込み型の教科指導や受験対策にウェートを置く学習支援も増えている。そのなかで、学習支援は単なる〝無償塾〟ではなく、いかに独自の価値（教育福祉的価値）を実現できるかが問われている。本稿では、「学習教室ピース」での学生たちの学習支援実践のエピソードをとりあげながら、教育福祉実践としての学習支援の意義と課題について検討したい。

１．学習支援が実現する教育福祉的価値

　1970 年代以降、教育と福祉の連携・統一を理論的・実践的に検討する教育福祉論が展開されてきた。とくに小川利夫は、教育福祉を「今日の社会とりわけ児童福祉サービスのなかに、実態的にはきわめて曖昧なままに放置され、結果的には軽視され剥奪されている子ども・青年さらに成人の学習・教育権保障の

体系化をめざす概念」[1]と定義づけた。戦後教育改革や高度経済成長期を経て教育機会の均等がより実現するなかで、集団就職する子どもや児童養護施設で育った子ども、障害をもつ子ども、放課後を学童保育で育つ子どもなどをとりあげ、教育機会から排除されている子ども・青年・成人などの問題状況の把握が進められ、教育福祉は実践的な実体概念としてその理論が深められてきたといえる。小川の教育福祉論の特徴として次の二点を挙げることができる。これらは学習支援が独自の教育福祉的価値を実現できるか否かのポイントにもなるものと考えられる。

　一点目は、教育福祉の実践にある「人間らしい生存を獲得するための成長発達への意欲を引き出すような働きかけ」[2]に着目することである。福祉の役割・機能は人間を相手にしていることから、物質的経済的な保障だけでなく、「人間形成に対して意図的に働きかけ」ることになる。こうした働きかけは学習支援では居場所づくりとして実践され、子どもたちは一人ひとりを大事な存在であると認められ、安心して学び、自分らしく居られる場がつくられている。中嶋哲彦は、学習支援がもつ居場所機能について、学歴獲得競争を通じた自己責任的な貧困離脱の手助けに終始するのではなく、子どもたちに貧困を生み出す社会的・経済的メカニズムを乗り越えていく力と関係性を育むことであると捉えている[3]。中嶋はこれを「貧困からの自己解放」と呼ぶが、ここに学習支援が実現する教育福祉的価値の方向性を見出すことができるだろう。

　二点目に、小川は焦点を「めぐまれない子どもたち」だけにあてるのではなく、そうした子どもたちにこそ「日本の子どもたち」の問題が「もっとも集約的にしめされている」と捉えた[4]。この視点を教育行政学で展開した中山芳美は、戦後児童福祉が「国家主義、能力主義」の教育から落ちこぼされた子どもたちを対象としたことを指摘し[5]、現実の教育福祉が教育政策や学校教育の不備・欠陥に対する補完的役割をもたされていることを指摘した。今日の学習支援の広がりは貧困世帯の子どもの特殊な問題として捉えるだけでなく、学習支援を必要とする子どもを生み出している教育政策の一般的・本質的な問題として昇華されるべきであると考えられる。

２．学生サポーターがつくる学びの広がり

　執筆者は、2014 年から、愛知県瀬戸市で学生たちといっしょに経済的困難を抱える子どもたちを対象に「学習教室ピース」を開設し、学習支援の実践を行

第7章　子どもと学生が育ち合う学習支援の実践をめざして ― 瀬戸市学習教室ピースの実践から ―

っている。学生サポーターたちの子どもたちへの関わりから、学習支援の「学習」の広さを学ぶことができる。

　中学3年のアツシ（仮名）はピースにやってくると、仲の良いサポーターを探して「パソコン貸して」とせがむ。アツシはシルバーのアクセサリーをつけ、ばっちりキメてやって来る。耳には部活引退後に開けたピアスが光っている。学校でのトラブルも少なくない彼だが、ピースでパソコンをせがむその顔には人懐っこさを感じる。小脇に抱えてきたセカンドバックには勉強道具は入っていない。アツシはピースに来ても学校の宿題や受験勉強はやらず、サポーターとのおしゃべりとパソコンのタイピングで時間を過ごしていた。

　アツシがサポーターたちからパソコンを借りるようになったのは、部活引退の前後だったと記憶している。アツシの部活引退は、外部コーチとのトラブルもあり、他の生徒よりも早く、夏休み前のことだった。そのころ、アツシは、サポーターが持ってきていたノートパソコンを見つけ、「ぶっ壊してやる！」とサポーターの気を引きながら、パソコンに関心を示した。最初はサポーターの隣でディスプレイに映る実験結果のグラフや製図の授業で作成した図面を眺めるだけだったが、サポーターから「何か書いてみる？」と言われ、タイピングに挑戦するようになった。

　タイピングをはじめたころは、ローマ字表記がわからないため、すぐにイライラしてキーボードを叩くまねをしていた。サポーターがローマ字表を用意してくれると、アツシはローマ字表を片手に、アルファベットを探しながら一本指のタイピングをはじめた。サポーターが「何を書いてもいいよ」と促すと、アツシはたどたどしいタイピングで、ちょっとませた下ネタを書き、サポーターたちの反応を楽しんでいたようだった。

　その後、アツシはぼろぼろになったローマ字表を横に置きながら、タイピングを通して、自分自身のことや自分をとりまく人びと・環境のことを書き、語るようになった。自身の感情のコントロールが苦手で暴力的な振る舞いをしてしまうことへの後悔、それを理解してくれない多くの教師への不信、そのなかで唯一自分の味方だと感じているクラス担任の若手教師や母親への感謝、本当は辞めたくなかった部活動への心残り、そして、三代目 J SOUL BROTHERS のように活躍するパフォーマーをめざして、パソコンで学ぶ通信制高校に通いながらダンスを習いたいという夢など、自分が抱える困難や将来の夢を率直に表現するようになっていった。

3．教育福祉実践としての学習支援の意義

3．1．サポーター自身の経験を振り返り、子どもに共感する

　アッシがタイピングを通して自分の心のうちを吐露できたのは、それまでの
サポーターたちの関わりがベースにあった。サポーターたちは子どもたちの困
難に寄り添うなかで、その困難は決してその子ども自身や家庭だけの問題では
なく、管理的・競争的な学校教育や学校の教師の余裕のなさによって拡大させ
られていると感じるようになった。学校で追い込まれている子どもたちをピー
スでも追い込むことがないようにとの思いから、サポーターたちは無理やり勉
強に向かわせることはせず、子どもたちの学びのペースや興味・関心を大切に
してくれた。ゆるやかな関係のなかで、アッシは自分自身のことや自分をとり
まく人びと・環境をサポーターに伝えてもいい・伝えたいと思えるようになっ
ていった。サポーターに共感的に受け止められ、また励まされて、アッシ自身
も安堵感を覚えていたようで、サポーターに伝えたいというアッシの思いは彼
のタイピング技術を向上させ、「今度はプログラミングをやってみたい」と新
たな興味を示すようになった。

　学生サポーターたちは、教科指導や受験対策だけでなく、学習支援が支援で
きる「学習」の広さを教えてくれる。タイピングのほかにも、子どもたちに製
図ソフトで住みたい家の間取りを描かせたり、実験で精製した化合物の結晶を
見せたりして、大学での学びによって子どもたちの世界を広げてくれていた。
サポーターは子どもたちの困難に自身の学校経験を投影しながら、子どもたち
の困難に共感し、それらの原因・背景を探ろうとしていた。サポーターの子ど
もへの共感が学習支援での「学習」を広く捉えさせ、手探りながらも子どもた
ちに「人間らしい生存を獲得するための成長発達への意欲を引き出すような働
きかけ」をしていた。

3．2．サポーター自身の経験を子どもを見るスタンダードにしない

　実際には、サポーターのなかにははじめからアッシや彼の友人たちをすんな
りと受け入れることができなかった学生たちもいた。ピースに来ても勉強もし
ないでスマホから音楽を流したり、大きな声で騒ぐ表面的な様子を見て、執筆
者にもっと注意してほしいと申し出るサポーターもおり、サポーター間で「居
場所づくり」と学習指導とのバランスをめぐる理解については、幾らかの葛藤

第7章　子どもと学生が育ち合う学習支援の実践をめざして ― 瀬戸市学習教室ピースの実践から ―

や対立もあった。

　これまでもことあるごとに、学生サポーターには、子どもを見るときに「困った子は困っている子」なので、表面的なダメさをただその子どもの努力不足や怠惰さとして捉えず、その背景を考えてほしいことをサポーターには伝えてきた。高校受験や将来のために、子どもたちに早い段階から準備をしてほしいというサポーターの思いはとてもありがたいことだが、一方的にそうした思いを子どもたちにぶつけるのではなく、一旦冷静になって、子どもたちがどうして学習できないのか、お話ばかりしているのか、音楽聴いているのかということに思いを巡らせてみてほしいとお願いした。子どもたちは「勉強しなくてはいけない」ことは学校（や親）に言われているので、十分理解しているはずである。それでも学習できない理由こそ、学校には理解してもらえない恐れがあるから、学習支援という「ゆるやかな関係」（週たった2時間の関係であったり、子どもたちの進路に最終的な責任を追わなかったり、また彼らの評価者ではないという意味で）であるからこそ、学生サポーターには子どもたちが勉強しない・できない理由や「よくないこと」をやる理由を考えてもらいたい。

　この時期、一部のサポーターから自身の学校経験・家庭経験に子どもたちの状況を当てはめて捉えたり、正したりしようとする発言があった。大学に進学したサポーターとピースにやってくる子どもたちの学校・家庭経験は大きく異なる場合もある。特定の・私的なスタンダード（基準）を示して、子どもたちを見ると、それに満たないことを嘆き、否定的に評価してしまう傾向があり、スタンダードより下での子どもたちの変化も見過ごしてしまう。音楽を聴きながら勉強する子どもも、信頼するサポーターとの約束で周りを気にして音量を小さくする様子や、おやつ休憩までは音楽をかけずに勉強する様子が見られることがあった。「勉強中、音楽を聴いてはいけない」というスタンダードの下ではこの子どもはダメなままだが、子ども中心に見れば、数ヶ月の間で周囲に配慮できるようになったことは彼らの成長として認めることができるのではないか。そんなことをサポーターに伝え、子どもたちの捉えを深めてもらう機会とした。

　サポーターの学校・家庭経験にもとづくスタンダードで子どもたちを見ていくと、おそらくピースの子どもたちの多くが「それ以下」かもしれない。そうしたスタンダードに合わせられることは子どもたちも苦痛だろうし、思い通りにならないサポーターにも疲労感だけが残ることになるだろう。それでは、学習支援の実践自体も楽しいものにはならないと思う。長期間にわたって子どもたちに関われる活動だからこそ、子どもたちのちょっとした成長に気づけるし、

そこが学習支援の醍醐味だと思っている。

4．教育福祉実践としての学習支援をめざして

　学生たちの熱意・善意の一方で、国・自治体は依然としていわゆる新自由主義的な教育政策[6]を展開し、公教育への公財政支出の抑制や競争的環境づくりを進めている。学習教室ピースを開設している愛知県瀬戸市においても、福祉行政や教育行政が困難を抱える子どものみを抜き出した特別の支援の場（学習支援）を用意する一方で、大規模な学校統廃合など公教育本体の教育条件の切り下げが進み、全国学力調査（学力テスト）の結果を意識した学力向上策に躍起となる教育行政や学校の姿勢・発言をしばしば見聞きしてきた。こうした状況での学習支援の広がりについて、学校の窮屈さを解決しないまま、オアシスを若干広くしただけで、学校教育の「始末」に翻弄せざるを得ない学習支援実践者としては非常にもどかしさを感じている。
　学習支援は新自由主義的な教育政策で生じた公教育の不備・欠陥をただ補完・尻拭いをし、新自由主義的な教育政策の展開を加速化する取り組みにとどまるものなのか。それとも新自由主義的教育政策に抗いながら、学習支援は教育福祉実践としてその教育福祉的価値を実現することができるのか。次の三点をあげて、本稿のまとめとする。
　一つ目は、教育福祉的価値の共有と深化を進めるため、学習支援団体・サポーター間のネットワークを全国・地域のレベルで構築する必要がある。それは業務委託やサポーター獲得をめぐる支援団体間の競争関係を解消することにもつながり、スタッフやサポーターの労働条件等の改善や専門性の向上などの可能性もみいだすことができる。二つ目に、サポーターとなる学生や市民のやりがい搾取で終わらず、学習支援がサポーター自身にとっても育ちの場となることが必要である。貧困への理解だけでなく、管理的・競争的学校教育を前提とした知識注入型の知識の獲得をよしとする学校教育のあり方への疑問が、子どもが抱える困難への寄り添いの出発点になると考えている。三つ目は、支援団体・サポーターと行政・学校との間で、子どもを中心とした対等な対話の場が形成され、子どもをめぐる切実な課題が共有されることが必要だということである。子どもの貧困という問題を教育政策の一般的・本質的な問題として昇華するためには、教育行政・学校との連携は不可欠である。経験上、教育行政・学校との連携は個人情報の問題などから、学校が抱える子どもの切実な課題を

第 7 章　子どもと学生が育ち合う学習支援の実践をめざして ― 瀬戸市学習教室ピースの実践から ―

学校外の者と共有することは容易ではないが、スクールソーシャルワーカー等の仲介に期待しながら、まずは課題を共有できる教師たちとつながることがきっかけとなるのではないかと思う。

【注】

(1)　小川利夫・高橋正教編著『教育福祉論入門』光生館，2001 年，2 頁.

(2)　同上，18 頁.

(3)　中嶋哲彦「学習支援と貧困からの自己解放」，『教育』2016 年 2 月号，54-60 頁.

(4)　小川利夫「教育における子どもの福祉」，『教育と法と子どもたち（法学セミナー増刊）』，日本評論社，1980 年，327 頁.

(5)　中山芳美「教育福祉と教育行政」，鈴木英一編著『現代教育行政入門』，勁草書房，1984 年，327 頁.

(6)　新自由主義的教育政策とは，公教育への公財政支出の縮小，効率化，教育制度の市場主義的な再編成，公教育制度の人材育成供給機関化などの「特徴」を有するものである（中嶋哲彦「自治体教育政策における構造改革と教育的価値に実現」，『日本教育政策学会年報』第 23 号，2016 年，91 ページ）.

　　新自由主義的教育政策と並行して展開される学習支援の政策的役割は，次の 5 点に整理することができる（川口洋誉「自治体における新自由主義的教育政策と教育福祉事業の展開とその転換」，『日本教育政策学会年報』第 25 号，2018 年，112-113 ページ）.一つ目は，学習支援は，経済的困難を抱える子どもたちを労働力として自立させ，貧困から離脱させる手段であり，生活保護費などの社会福祉コストを抑制する手段になる．二つ目に，切り崩される学校の教育条件（学校統廃合や教員不足など）の受け皿として，家庭教育や私費による教育を頼ることになるが，経済的困難を抱える子どもには学習支援が用意される．三つ目に，その学校教育は競争的・管理的であるため，学習支援はそうした環境に経済的困難を抱える子どもを動員し，かつそこから脱落させないための手段となる。四つ目に，そのさい，学力・学歴獲得や就業を通して貧困を離脱する仕組みを前提にして，子どもには自力で困難を克服するべきであるという規範を強いることになり，自己責任による貧困離脱を正当化する．五つ目に，学習支援事業の民間委託は公教育の安価な受け皿になるとともに，地域の支援能力の格差を生む．さらに学習支援の市場化が進められると，委託獲得をめぐる事業者間の競争，学習塾などの営利企業の参入（貧困ビジネス化），支援者の労働条件の切り崩し・悪化を招くことにもなる．

　※本稿は，拙稿「学習支援は「教育福祉」の実践となりえるか」（『教育』2020 年 5 月号，65-70 ページ），拙稿「学習支援と新自由主義教育政策」（吉住隆弘・川口洋誉・

鈴木晶子編著『子どもの貧困と地域の連携・協働』明石書店，2019 年，118-130 ページ），拙稿「子どもの貧困と学習支援」（稲葉剛ほか著『ここまで進んだ！子どもの貧困』新日本出版社，2016 年，119-132 ページ）をもとに，新たな論点を加えて再構成したものである．

第 8 章

通信制課程で学ぶ高校生の現状と課題
─ 中途退学者数等の状況からの一考察

白波瀬　正人

1　はじめに
ある通信制高等学校の最新の現状から見えてくること
筆者の所属する通信制高等学校（A 校とする）の現場から

　2023 年度が始まり、新入生を迎えた高等学校には、学校教育法施行規則の規定により、「（中学校校長は）指導要録の抄本又は写しを作成し、これを進学先の校長に送付」されてくる。これを見れば、中学校での出席状況が分かるはずであるが、近年、東京都・神奈川県等のこの書類には、欠席日数等の記載がない。通信制高校には不登校経験者が多いという声を聞くが、その最新の実態を可能な限り把握してみた。あくまで A 校の入学者を対象に、中学校での出欠日数付きの指導要録抄本の提出があった分についての把握から始めた。2023 年度の入学者のうち調べることができた 253 人分のうち、中学校の 3 年生時に 30 日以上の欠席日数を持つ（いわゆる不登校経験者）数は 188 人で 74.3% であった。調査した全生徒（出欠日数付きの指導要録抄本提出者）の「総出席すべき日数」46,574 日に対し、「総出席日数」23,273 日であり、50.0% であった。これは、義務教育の教育課程の内容を半分程度しか履修していない集団を教育の対象として、高等学校の教育課程で扱っていくことを再認識させられた。

　通信制高等学校に在籍している生徒の実態を正確にかつ全容を把握することは、この一例からも分かるように、関係書類から把握できる情報は限られていて、容易ではない。また、長欠の程度（開始時期や長さ）も、原因も、長欠解消の有無も含めて、多様であり、一概に論じられない複雑さがあり、また、個々の支援が必要と想像できる。（中学校 3 年時以前からの長欠が多くの場合に認められるので、より詳細な調査研究の必要性を感じる。）

　もう 1 つ、「（中学校校長は）進学先の学校へ「健康診断票」を送付」する規定が学校保健安全法施行規則にある。今年度、各中学校から A 校に送付され

てきた『児童生徒健康診断票』486 人分中、中学校 3 年時の検診を未受診の者
（一部の検査項目の未受診者を除く、全検査項目未受診者。）は 121 人、約 24.9
％であった。

　Ａ校のみのデータではあるが、4 人に 3 人が中学校 3 年時に不登校経験者で
あり、4 人に 1 人が法令上で実施が規定されている学校の健康診断を中学校 3
年時に未受診であることが分かった。

　Ａ校では、この中学校 3 年時の健康診断未受診者 121 人のうちの 105 人（86.8
％）が、5 月までに行われる高等学校 1 年時の健康診断を受診した。（中には、
最大 7 年間にわたり、学校で行われる健康診断を未受診で、小学校 2 年時以来、
8 年ぶりに受診できた生徒もいた。）通信制高等学校の社会的役割や存在意義が、
この点からも再認識され、また、学校の持つ福祉的支援機能の一つが、この点
でも認められる。

2　全国高等学校の課程別在籍数推移の状況から
　　全日制・定時制課程在籍生徒数の減少と通信制課程在籍
　　生徒数の増加
　　公私立別では、私立通信制在籍生徒数の増加について

　文部科学省は、2022 年度の文部科学白書の中で教育基本計画に基づき、今後
5 年間の教育政策の目標と基本施策を記している。「今後の教育政策に関する基
本的な方針」の 1 つとして「誰一人取り残されず、全ての人の可能性を引き出
す共生社会の実現に向けた教育の推進」を掲げている。その中には、「多様な
教育ニーズへの対応」の推進について記されている。具体的には、「不登校児
童生徒への支援の推進」や「高校定時制・通信制課程の質の確保・向上」等が
基本施策の例示に挙がっている。

　課程別にみた高等学校の在籍生徒数の推移については、近年、全日制・定時
制課程の在籍生徒数は、全体として減少傾向にあるが、通信制課程の在籍生徒
数は全体として増加傾向にある。公私立別でみれば、私立通信制の在籍生徒数
が大きく増加している一方で、公立通信制の在籍生徒数は徐々に減少している。
2000 年からの約 20 年間で、私立通信制高等学校の在籍生徒数は約 2.5 倍に増
加している一方で、公立通信制高等学校の在籍生徒数は半減している。（2022
年 11 月文部科学省初等中等教育局参事官（高等学校担当）付資料「新時代に
対応した高等学校改革の推進について」より）

第8章 通信制課程で学ぶ高校生の現状と課題 ─ 中途退学者数等の状況からの一考察

(表1) 全国高等学校課程別在籍生徒数（文部科学省基本調査より）

高等学校在籍生徒数	全日制・定時制	通信制	(内　私立通信制)
H2（全日制・定時制のピーク時）	5,623,336	166,986	69,715
R4　（速報値）	2,956,909	238,314	183,693

3　全国高等学校の「中途退学者数の状況」
中途退学者数・中途退学率の推移について
事由別中途退学者数の構成比の推移について

　文部科学省初等中等教育局児童生徒課のデータ（「令和3年度児童生徒の問題行動・不登校等生徒指導上の諸課題に関する調査結果について」）より、経年推移をグラフ化すると、図1のようになる。

　「中途退学者数」は、全体の傾向として、高等学校では在籍生徒数の減少とともに、退学者数の減少がみられる。

　例えば、図1のはじめの1982（昭和57）年度が106,041人であった中途退学者数が、2021（令和3）年度には38,928人となっている。

　この間の年度ごとの中途退学者数の最大値としては、1990（平成2）年度に123,529人、最小値としては、2020（令和2）年度に34,965人となっている。

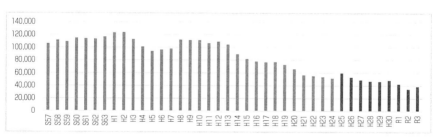

(図1)　全国高等学校の中途退学者数の推移

　同様に、全国高等学校の中途退学率の推移については、やはり、全体としては減少の傾向となっている。具体的には、図2のはじめの1982（昭和57）年度2.3％から、2021（令和3）年度には1.2％と約半減している。（最大値：平成9・10・12・13年度2.6％→最小値：令和2年度1.1％）

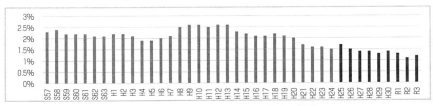

(図2)　全国高等学校の中途退学率の推移

　2005(平成17)年度以降については、この時期から、私立通信制高等学校へ転学する生徒が増えたことによって、グラフ上からは消えて、全体として減少を示していたと考えられる。全日制・定時制在籍生徒について、かつてなら選択肢が退学のみであった生徒も、通信制への転学という選択肢が増えた影響と思われる。全日制・定時制高等学校においては、各教科科目の履修の条件(3分の2以上の出席が必要)があり、年度の途中に欠席時数オーバーで、履修の認定が困難になる(補講や補習で補えない)場合が生じる。この場合には、原級留置(未履修科目単位数により、各校教務内規に規程がある)で次年度の留年を決意する必要が生じる。しかし、この決意には、経済的にも心理的にも負担が多く、この状況下の生徒にとって私立通信制高等学校への転学という進路変更の道ができたことは、大きな選択肢の改善であった。

　図1・2のいずれにも2013(平成25)年度から「通信制高等学校」のデータが加わっている。全日制と定時制だけに統計調査の対象を限定していては、(学

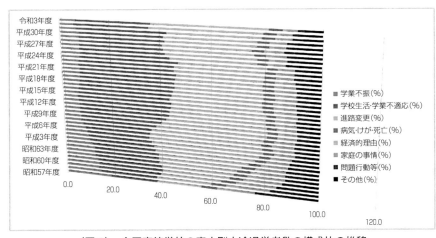

(図3)　全国高等学校の事由別中途退学者数の構成比の推移

80

第 8 章　通信制課程で学ぶ高校生の現状と課題 ― 中途退学者数等の状況からの一考察

校数・在籍者数が増えた通信制高等学校を除外しての統計では、）調査の意味や目的が達成できない状況になってきたと言える。

　中途退学になる生徒は、退学直前、学校への欠席が続くことが多くある。また、家庭とも連絡をとりにくかったり、面談の回数が、極端に減少してくる場合が多い。また、退学願いの提出という手続自体が困難なケースや、状況の把握が難しくなるケースが多発してくる。いわゆる不登校生数の増加は、詳細かつ正確な退学事由の調査（中途退学事由の理由の聴き取りや判断）を一層困難にしている。その点を踏まえても、全体の構成比で減少しているのは、「学業不振」「問題行動等」に加え「経済的理由」の項目である。

　一方、次の図 4 にみられるように、近年の推移について詳細にみると 2020（令和 2）年度からのコロナ禍の時期には、中途退学事由として「学校生活・学業不適応」の急減の一方、「進路変更」の急増が認められ、構成比の経年推移に不連続性を示している。

　他の高等学校へ籍を転ずる転学は退学の扱いとはしていない。

　この事由別中途退学の区分での「進路変更」とは、就職等の生き方に専念するためなどにより、高等学校での勉学から離れる場合となる。

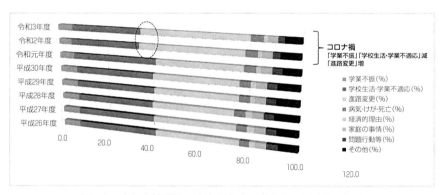

（図 4）　全国高等学校の事由別中途退学者数の構成比の推移
（図 3 の一部分を拡大したもの）

　図 5 の全国高等学校の「経済的理由」の中途退学者数の構成比の推移では、増減変化の傾向が社会情勢の影響を大きく受けていることが認められる。1990（平成 2）年度のいわゆる「バブル崩壊」までは、景気を反映して「経済的理由」の構成比も減少傾向を示していたが、その後は、増加傾向に転じ、2010（平成 22）年度の「高等学校等就学支援金支給に関する法律」の成立まで、改善の時

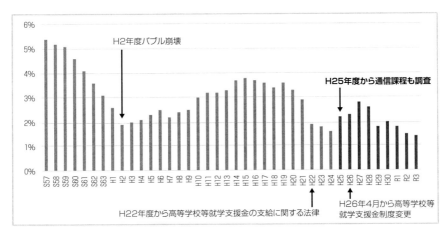

（図5）全国高等学校の「経済的理由」の中途退学者数の構成比率の推移

期を待たなくてはならなかった。逆に、これら支援金に関する取組は、中途退学の防止に大きな効果をもたらし、「経済的理由」の中途退学者数の減少となり、総じて中途退学者数の減少に大きな効果をもたらしていると考えられる。

4 通信制高等学校における中途退学者数等の状況
具体的な一例としてA校の「中途退学者数の経年推移」について
事由別の中途退学者数の推移、特に経済的理由について

　全国高等学校の中途退学者数等の状況に対し、通信制高等学校においては、どのような変化があったのか。具体的な一例としてA校について報告する。A校（私立広域通信制高等学校）は、年々在籍者数が増加し、2022（令和4）年5月1日現在、在籍生徒数2908人が在籍している。
　このA校の事由別の中途退学者数の推移は以下（表2）のとおりである。
　A校の8年間の中途退学者数の推移についてみると、「経済的理由」を中途退学の事由としている割合は、全国の傾向と同じく減少の傾向が認められる。
　逆に、認められる特徴として、「病気・けが・死亡」の増加傾向が特徴的である。全国的な傾向とA校の比較を表3のデータをもとに図7・8をもちいて比較してみると、この「病気・けが・死亡」の増加は、A校としての特徴であり、通信制高等学校としての特徴でもある可能性が高い。

第8章 通信制課程で学ぶ高校生の現状と課題 ― 中途退学者数等の状況からの一考察

(表2) A校の中途退学者数等の状況 (実数)

	年度別	H26	H27	H28	H29	H30	H31	R2	R3
理由	学業不振	3	1	0	0	2	1	0	5
	学校生活・学業不適応	60	56	52	72	60	53	40	41
	進路変更	55	52	40	42	35	39	27	29
	病気けが死亡	12	9	14	13	27	15	20	28
	経済的理由	24	23	15	14	17	1	5	7
	家庭の事情	4	17	17	11	6	9	5	7
	問題行動等	6	3	2	6	4	7	0	2
	その他の理由	25	18	11	24	19	23	8	9
中途退学者数		189	179	151	182	170	148	105	128
在籍者数 (4月1日現在)		2252	2332	2324	2317	2385	2514	2652	2722
退学率 (%)		8.39	7.68	6.50	7.85	7.13	5.89	3.96	4.70
	転出者数 (4月1日〜翌年5月1日まで)	35	37	53	30	38	48	48	57
全国の退学率 (%)		1.5	1.4	1.4	1.3	1.4	1.3	1.1	1.2

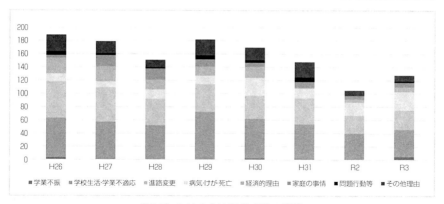

(図6) A校の中途退学者数の推移

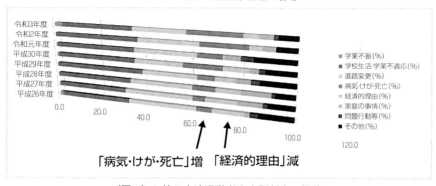

(図7) A校の中途退学者事由別割合の推移

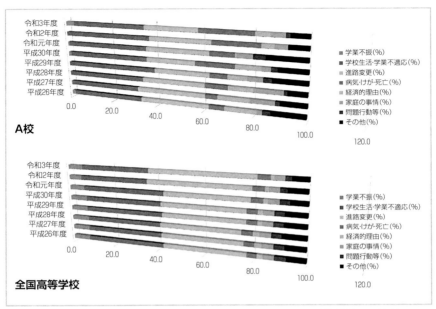

(図8) 中途退学者事由別割合の推移について A 校と全国高等学校との比較

(表3) A 校の中途退学者数等の状況 (構成比)

	年度別	H26	H27	H28	H29	H30	H31	R2	R3
理由	学業不振	1.6%	0.6%	0.0%	0.0%	1.2%	0.7%	0.0%	3.9%
	学校生活・学業不適応	31.7%	31.3%	34.4%	39.6%	35.3%	35.8%	38.1%	32.0%
	進路変更	29.1%	29.1%	26.5%	23.1%	20.6%	26.4%	25.7%	22.7%
	病気けが死亡	6.3%	5.0%	9.3%	7.1%	15.9%	10.1%	19.0%	21.9%
	経済的理由	12.7%	12.8%	9.9%	7.7%	10.0%	0.7%	4.8%	5.5%
	家庭の事情	2.1%	9.5%	11.3%	6.0%	3.5%	6.1%	4.8%	5.5%
	問題行動等	3.2%	1.7%	1.3%	3.3%	2.4%	4.7%	0.0%	1.6%
	その他の理由	13.2%	10.1%	7.3%	13.2%	11.2%	15.5%	7.6%	7.0%
中途退学者数		189	179	151	182	170	148	105	128
在籍者数(4月1日現在)		2252	2332	2324	2317	2385	2514	2652	2722
退学率 (%)		8.39	7.68	6.50	7.85	7.13	5.89	3.96	4.70
	転出者数(4月1日~翌年5月1日まで)	35	37	53	30	38	48	48	57
全国の退学率 (%) ※		1.5	1.4	1.4	1.3	1.4	1.3	1.1	1.2

第 8 章　通信制課程で学ぶ高校生の現状と課題　― 中途退学者数等の状況からの一考察

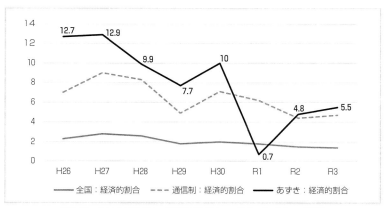

（図 9）中途退学事由「経済的理由の割合（％）」の推移

　これは、最近の入学者の特徴として、はじめに記したように、不登校経験者が多く、学校の健康診断を受診していない児童生徒が多いという現状と何らかの関係があるかもしれない。さらなる分析調査の必要性を感じる。

　A 校の「中途退学者数等の状況」の内の「経済的理由の割合（％）」について図 9 からの特徴として、「経済的理由の割合（％）」の推移の変化での減少傾向は、「通信制」（A 校を含む）に、より顕著に現れていることが分かる。

5　A 校の現状と課題
独自の取組（福祉的支援：SSW）について
大学・短大への進学にみる進路への支援について

　図 5 の全国高等学校の「経済的理由」の中途退学者数の構成比率の推移で認められた社会情勢の反映や教育行政の各施策の効果の他に、A 校の独自の取組で、効果が上がっている取組は、次のとおりである。

　A 校では、令和元年度から校内に SSW（スクールソーシャルワーカー）を新設し、活動を開始した。これは、2019 年度に文部科学省初等中等教育局の高等学校における次世代の学習ニーズを踏まえた指導の充実事業「多様な学習ニーズに応じた指導方法等の確立・普及〜通信制高等学校におけるソーシャルワーカー支援体制の構築」を始めたことに起因する。さらに、この委託事業は、2020（令和 2）年度文部科学省初等中等教育局の多様性への対応に関する調査研究事業

85

「広域通信制高等学校におけるソーシャルワーカー支援体制の構築」に継続された。この委託事業後にも、引き続きSSWを常設し、現時点まで福祉的支援を試みている。この活動は、経済的理由の中途退学を減少させる一因となっている。

A校の福祉的支援として、2名のSSWが、稼働し、心理的支援としては、8名のSC（スクールカウンセラー）（常勤4名、非常勤4名）が、稼働している。

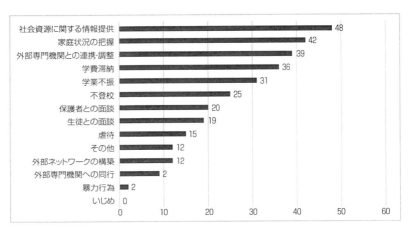

（図10）相談の内容と件数（令和2年9月～令和4年9月の25ヶ月分）

　図10にみられる「SSWの相談内容」をみると、学費滞納については、「保護者との面談」「生徒との面談」の他、「社会資源に関する情報提供」の活動が、学費滞納の改善に結びつき、結果として「経済的理由」による中途退学者数の減少に効果がみられたと考えている。具体的には、各種奨学金や、支援金の申請手続きの支援という業務内容が効果を上げている。A校のSSWは、「社会福祉士・精神保健福祉士・キャリアコンサルタント」の資格を有しており、専門的な立場から、保護者・生徒と外部機関・地域の公的支援組織との学外連携を試みている。

　また、担当のSSWによれば、図10に示した相談対象144名中、いわゆる「ヤングケアラー」は18名（13.0％）であった。これは、全国での調査*の4.1％（全日制高校2年生）、8.5％（定時制高校2年生相当）、11.0％（通信制高校）と比較して、多い比率となっている。生徒個人や、各家庭内で独自では解決できない問題にどう手を差し伸べていけるのか、学校という機能をどのように生徒の支援に役立てていくのか。実際の事例では、退学事由には様々な事由が複合している。「経済的理由」に限らず、生徒の学習環境を困難なものにしている原

第8章 通信制課程で学ぶ高校生の現状と課題 ― 中途退学者数等の状況からの一考察

因は複雑なケースが多く、様々な角度からの支援が必要となっている。

例えば「学業不振（知的・発達を含む）」に挙げられる内容には、様々な要因が複合している。中途退学理由で見られる「病気・けが・死亡」の増加に対応していくことも必要な課題である。養護教諭を配置することに関しては、現行の高等学校設置基準には、設置者の判断によって実態に応じた努力義務となっているが、通信制高等学校にも身体的支援をどう構築していくかが、今後の大きな課題である。

さらに、通信制高等学校在籍者の進路への支援について、A校を例に報告する。大学等の進学に関して、A校の平成29年度～令和3年の5年間の資料として、表4にJassoへの申請状況を示した。

これをグラフ化した図11をみると進路の実現後の経済的環境の改善（給付型奨学金の拡充）は、申請者数の増につながり、大きな支援になっているのが分かる。

（表4）日本学生支援機構JASSO 申請数と決定状況（A校の5年間推移）

	→高等学校推薦枠・校長推薦	→制度改正・推薦枠無くなる		→新制度・世帯収入の基準としっかりした「学習意欲」があれば支援	
年度	H29	H30	R1	R2	R3
奨学金申請者数（全体）	67	104	101	70	119
給付型申請者数	11	45	42	47	73
給付型候補者決定者数	7	30	28	33	54

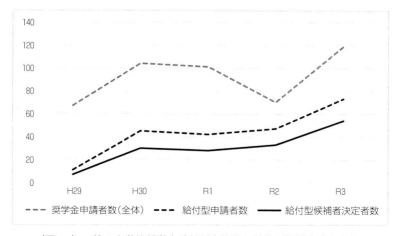

（図11）A校の大学等奨学金給付型申請数と給付型候補者決定者数

また、A校の進路指導主任によると「大学によるが、指定校推薦があるならば大学進学をしたいという生徒は多くなる」と述べている。この言葉は、日々の進路指導で得られた実感であると思われる。表5の数値をもとにグラフ化した図12についてみると、その傾向を認められる。
　A校では、大学・短大からの指定校推薦募集人数枠の増減に、大学・短大進学者数の増減も大きく反応する傾向がある。つまり、大学・短大への進学については、給付型奨学金の拡充などにみられる、進学後の経済的環境の改善が期待でき、さらに大学・短大からの指定校推薦募集人数枠や選抜方法を含めての情報提供数に応じて大学・短大進学者数の増加が見込まれる。通信制高等学校

(表5) A校の大学・短大年度別指定校推薦の推移

大学・短大年度別指定校推薦								
年度	H27	H28	H29	H30	R1	R2	R3
指定校推薦大学校数	37	36	36	34	31	30	36
指定校推薦短大校数	10	15	14	11	11	10	12
指定校推薦募集人数枠（大学）	113	112	124	115	92	82	128
指定校推薦募集人数枠（短大）	27	34	27	20	25	24	35
大学進学者数	73	61	71	60	53	53	65
短大進学者数	1	10	4	3	9	9	8
卒業者数	755	756	703	765	737	779	848

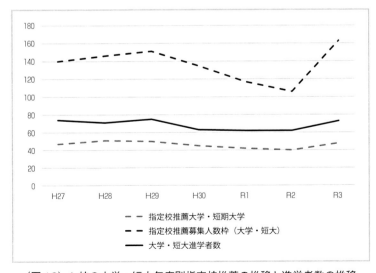

(図12) A校の大学・短大年度別指定校推薦の推移と進学者数の推移

の在籍者へ、どのような情報提供をするかによって、進路決定や、その目標に向けての学習への取組や意欲向上・改善につながる余地が、十分残っている。

2021（令和3）年度のA校の卒業者848名中、大学・短大（通信教育部含）は、84名、専修学校等は277名、就職者は191名、無業者は296名である。A校では、在籍者数の約半数が、高等専修学校や専門学校高等課程に在籍しており、もともと就職希望が多い。卒業後の状況は、最近8年間では、「大学短大等進学者」「専修学校等」「就職者」「無業者」の項目の数が、ほぼ1：3：3：3の割合が続いている。特に「無業者」数が約3割を占めていることは、全国平均（0.5割弱）と比較して、大きな特徴となっている。

6　まとめ
今できる生徒への支援について
通信制高等学校の生徒の卒業後の状況について

以上、A校からの一例の報告ではあるが、一校だけの特徴と考えるよりも、通信制高等学校の持つ特徴と予想できものが多い。

特に、卒業者の状況で「無業者」に比率が高いことは大きな課題である。解決の具体的方策として

(1) 将来への学習環境の見通しを描ける支援を増やす。
　①給付型奨学金の拡充を図る。
　②指定校推薦に見られるような、大学・短大からのアプローチを増やす。
(2) 通信制高等学校に在籍する生徒へは、「学費滞納」に現れる複合的な諸問題をSSWやSCの福祉的・心理的支援で、より一層丁寧に解決していく。
(3) 通信制高等学校に在籍する生徒の「学業不振」に対する新しい取り組みとして、通信制の特色を生かした授業への転換を図る。ICT活用した学習支援についての研究も必要である。

全日制・定時制高等学校に在籍している生徒の「進路変更」の選択肢の中には、退学の他に通信制高等学校に転学し、高等学校の教育課程で学び続けるケースが多くある。しかし、通信制高等学校の在籍生徒が進路変更するケースでは、転学より、退学として高等学校での学びに終止符をつけるケースが多い。

通信制高等学校在籍生徒については、「学費滞納」者へ各種奨学金や、支援金の申請手続きの支援により、ある程度、経済的理由による中途退学を回避できたように、支援の在り方次第で学習環境が改善できる対象でもある。通信制

高等学校は、一種のセーフティネットの役割を果たしている。

「誰一人取り残されず、全ての人の可能性を引き出す共生社会の実現に向けた教育の推進」を今後の教育政策に関する基本的な方針に掲げた「新たな教育振興基本計画」には、期待と協働を図りたい。

【参考文献等】

（1）令和４年度文部科学白書第２部文教・科学技術施策の動向と展開，2023.7.13，https://www.mext.go.jp/content/20230713-mxt_soseisk02-000030936_7.pdf

（2）文部科学省初等中等教育局参事官（高等学校担当）付資料，「新時代に対応した高等学校改革の推進について」，2022.11.

（3）文部科学省初等中等教育局児童生徒課，「令和３年度 児童生徒の問題行動・不登校等生徒指導上の諸課題に関する調査結果について」，2022.10.27.

（4）文部科学省，学校基本調査.

（5）学校法人野田鎌田学園あずさ第一高等学校，「中途退学者数等の状況（平成26年度〜令和３年度まで）私立学校実態調査報告済調査票，2015.5.〜2021.5.

（6）学校法人野田鎌田学園あずさ第一高等学校，令和２年度 文部科学省初等中等教育局多様性への対応に関する調査研究事業「広域通信制高等学校におけるソーシャルワーカー支援体制の構築」成果報告書，2021.3.

（7）学校法人野田鎌田学園あずさ第一高等学校，令和元年度 文部科学省初等中等教育局高等学校における次世代の学習ニーズを踏まえた指導の充実事業「多様な学習ニーズに応じた指導方法等の確立・普及〜通信制高等学校におけるソーシャルワーカー支援体制の構築」成果報告書，2020.3.

（8）三菱ＵＦＪリサーチ＆コンサルティング株式会社政策研究事業本部，令和２年度子ども・子育て支援推進調査研究事業，ヤングケアラーの実態に関する調査研究報告書，2021.3.（文中の「*」）.

（9）長森麻記子，「通信制高等学校におけるソーシャルワーカー支援体制の構築」日本教育学会第80回大会一般研究発表，2021.8.

第9章
高大接続の政策課題と今後の在り方
― ユニバーサル時代の大学と高校 ―

小池　由美子

１．大学進学を巡る現状と文科省の高等教育成策

　日本の大学進学率は2009年に初めて50%を超え、「大学のユニバーサル時代」が到来した。マーチン・トロウは大学進学率から、大学を「エリート型」「マス型」「ユニバーサル型」と３つの類型に分類[1]したことから、日本でも大学がいよいよユニバーサル・アクセスの時代だと言われたのである。

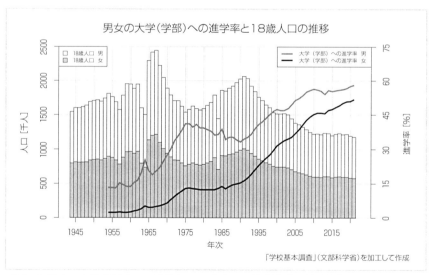

【図１】男女の大学（学部）への進学率と18歳人口の推移統計　統計情報リサーチより[2]

　大学進学率の上昇は既に世界的な流れで、図２の通り日本は先進国の中で高いとは言えない。文科省の中央教育審議会も次のように高等教育の在り方を模

索している[3]。

「○ 今日、専修学校等を含む高等教育機関への進学率は76％、大学・短期大学への進学率は54％に上っている（平成19（2007）年度）。このうち、学士課程教育を提供する大学への進学率については47％となっている。これらの進学率は、相当の高い数値に至っているが、近年なおも上昇傾向を示しており、我が国は、同年齢の若年人口の過半数が高等教育を受けるというユニバーサル段階に移行している。」

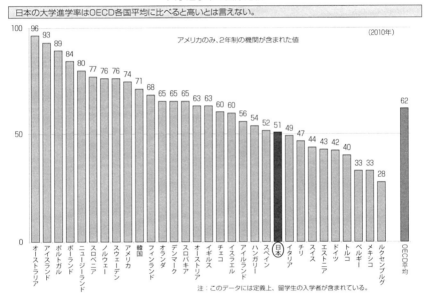

【図2】大学進学率の国際比較[4]　　出典：文科省

「（過大とは言えない大学教育の規模）
　○ このような現状に対し、大学進学率等を過剰とする見方もある。しかし、大学の大衆化がいち早く進展したアメリカを含め、先進諸国は、高等教育へのアクセスを改善し、一層幅広く若者を受け入れていこうという方向を目指している。実際、大学進学率については、我が国が先進諸国に比して特に高い水準

第9章　高大接続の政策課題と今後の在り方 ─ユニバーサル時代の大学と高校─

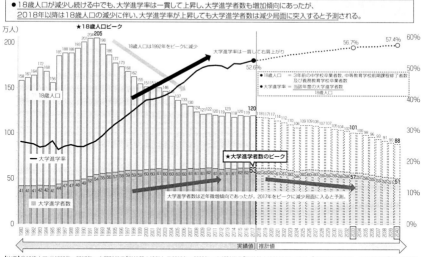

【図3】大学進学者数等[5]　　出典：文科省

であるとは言えず、OECD諸国の中では既に下位に属するという分析もある。グローバルな競争が展開される知識基盤社会の時代を迎え、諸外国と伍していく観点から、若年人口が減少する中で学士レベルの資質・能力を備えた人材の供給を維持・増強していくことは重要である。また、保護者や高校生自身の大学進学に向けた熱意・意欲に応えることも大切である。様々な格差の拡大を懸念する声もある中、「底上げ」の観点からも、大学が幅広く多様な学生を受け入れ、学士課程教育を通じて、自立した市民や職業人として必要な能力を育成していくことが求められる。」

また文科省高等教育局は、「2040年を見据えた高等教育の課題と方向性について」[6]で、図3のように18歳人口の減少と大学進学率の上昇について予測している。その一方で大学の定員割れが深刻化し、文科省は大学の再編・統合も打ち出した。2023年9月25日に盛山正仁文科大臣は、少子化に伴う入学者の減少で大学経営が困難になることを見据え、大学の再編・統合の議論を進めるように中教審に諮問した[7]。大学の定員割れは、質保証に関わる問題であるが、図2でみるように日本はOECD諸国と比べて高等教育への進学率が高くない中で、大学

入学希望者のいわば需要と供給の関係だけで再編・統合を論じて良いのか、政府の高等教育に対する姿勢が問われると言わざるをえない。

情報技術イノベーションなどが急速に進み、図4の文科相の資料の通り OECD や ASEAN 諸国では、高等教育の進学率を上昇させる政策を打ち出している。こうした中で中教審は、2018年11月の答申で国公立の統合や経営困難な私立大に早期の撤退を含む経営の見直しを促したが、大きな進展がなかったとして、今回盛山文科大臣が改めて諮問して

先進国や近年経済成長を遂げている国は、高等教育政策を重視

米国
○オバマ政権は「2020年までに大学卒業者比率を世界一に」と宣言しており、コミュニティ・カレッジ卒業者を500万人増加する計画を開始

欧州
○2020年までの欧州の経済成長と雇用に関する包括的な計画「欧州2020」において、高等教育修了者の増加に向け、高等教育に社会の様々な層を惹き付ける、中退者数を減少させることを掲げる。

中国
教育事業の第12次5カ年計画（2011～2015年）
○5年間で、高等教育在学者数の増を目指す（2,922万人→3,080万人）。大学院在学者数についても増（154万人→170万人）。
○地方の高等教育の発展も重視。

韓国
○1990年から2000年にかけて、大学生は1.7倍（128万人→222万人）、進学率は70％を超えた。
○一方、少子化は日本を上回るスピードで進んでおり、このままいけば、10年後には、大学入学定員が18歳人口の140％になる見込み。

ASEAN
○マレーシア：第10次マレーシア計画（2011-2015）等で、高付加価値の知的産業の育成と世界トップレベル大学の育成等を掲げる。
○タイ：第10次経済社会開発計画等で、人口一万人あたりのR&D人口を10人に増加等、大学の基盤整備等を掲げる。

【図4】 諸外国の成長戦略における高等教育の役割 [9]

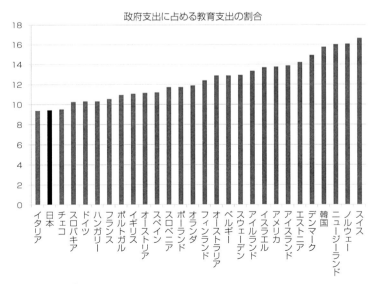

【図5】高等教育の公財政支出国際比較 [10]　　出典：シノドス

第9章 高大接続の政策課題と今後の在り方 ― ユニバーサル時代の大学と高校 ―

いるのである。日本の高等教育の公財政支出は、図5の通りOECD諸国の中で毎回最下位か下から2番目である[8]。また、大学が地域にどれくらい存在しているかによって、図5の通り都道府県別の大学進学率に差が生じている。これらを放置したまま、大学の再編統合を進めることは、憲法第26条に保障された教育を受ける権利を阻害することであることも指摘せざるを得ない。世帯の所得格差によっても大学進学率は左右されることは自明であり、奨学金問題については第5章の石井と第6章の西川に譲るが、地域格差、所得格差によって大学進学を断念せざるを得ない状況は解消されるべきである。日本の大学の高学費は家庭の私費負担の上に成り立っており、少子化にも関わる待ったなしの問題である。政府は高等教育政策の具体的な中身を立案し、予算措置を早急に行うべきである。具体的な中身については、国家の人材育成でなく人格の完成を目指すためにあるべきであることは後述する。

大学への進学は、高校生にとって進路選択の課題である。高校卒業後、就職でなくなぜ大学を選ぶのか。そこで何を学びどのような職業にアクセスしていくのかという、キャリア形成の課題となってくる。

次の節では、高等学校側から考える大学進学と大学教育を考察する。

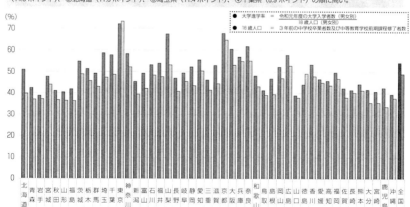

【図6】都道府県別大学進学率（男女別）　出典：文科省「大学入学者等の推移」[11]

２．高等学校からみる大学像 ― 入試の変容

　日本経済の実態は「失われた30年」と言われている。1980年代後半のバブル崩壊後の失業率の増大、2008年のリーマンショック等で経済が停滞したままで実質賃金も上がっていない。その間に経団連が1995年に「新時代の日本型経営」を発表し、労働者を「長期蓄積能力活用型」「高度専門能力活用型」「雇用柔軟型」の３層に分けた。それとあいまったように政府は非正規労働者の拡大政策を次々と行った。こうした中で、高校を卒業しても就職できないという実態が広がり、経済的に無理をしてでも大学へ進学しようとする傾向が強まっていった。

　こうした状況の中で1991年には大学設置基準の緩和があり、18歳人口の減少と進学動向を見据えた短期大学が、閉校して４年制大学を新設する等の動きが起こっていった。図７の通り大学の数（とりわけ私立大学）が増え、選ばなければ大学に全入できる時代へと突入することとなった。マーチン・トロウが指摘した通り、大学への進学は権利というより「義務」化していき[12]、高校生

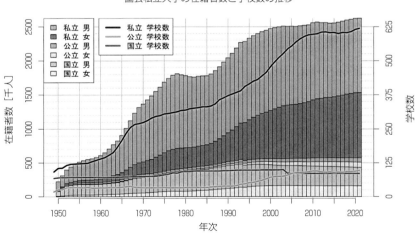

【図７】　大学の国公立・私学比率の推移[13]　　出典：統計情報リサーチ

にとっての進学意義が、学歴を得るためのものにすり替わっていったといえる。一定の受験者層にとっては、大学で何を学ぶかという意義・目的を自己に問うて学部学科選びをするより、ユニバーサル・アクセスにみられる「入れる大学はどこか」という「自己の切り売り」の段階に入ったと見る必要があろう。つまり、自己のある部分を切り取って一つのピースとし、それに合う大学に嵌め込んで行くのである。自分が大学で何を学びたいかを基準にするのではなく、模擬試験の偏差値で輪切りにされ、「大学生という切符＝座席」を手に入れるために、高校の進路指導で「入れそうな」大学選びになって行く傾向が生じるようになった。それが大学入試の多様化を生んだといえる。大学入試政策として 1990 年代後半から大学入試センター試験に私学が参入する道が開かれた。その後私大のセンター試験は、「アラカルト方式」になり、受験生が受験科目を選べるようになって課される科目が減少していった。公立大学においても入試科目が減少する傾向が見られるようになった。

　1990 年に慶應大学が AO（アドミッション・オフィス）入試を導入し、その後全国の大学に拡大し、2010 年代後半には私大入学者の平均 10％以上を占めるようになった。推薦入試と異なり調査書の評定などの基準を設けず、受験生は 6 月頃から大学にエントリーし、大学が課す面接や課題、レポートなどに取り組みその過程や達成度を見ながら、大学が選考し合否を決定した。1 点刻みの輪切りでなく、一人ひとりの適性と学部とのマッチングが進むシステムであると初期には好評であったが、合格から入学までの期間が長いことの弊害や、大学で学ぶに足る学力が担保されているかなど、課題が健在化した。その一方で学力を測らない「青田刈りの AO 入試」と、世間的に揶揄されるようになった。大学は定員確保のために早期から学生を確保しようと、入学時の学力保障を切り下げていったともいえよう。文科省は 2021 年度入試から AO 入試を廃止し、学力の質保障ができる総合選抜入試に切り替えたことは記憶に新しい。

　次に大学入試の変容が高校や大学にどのような影響を及ぼしたか考察する。

３．高校・大学の学力の３極化とキャリア教育の実態

　マーチン・トロウはユニバーサル段階になっても、エリート大学の機能は変わらないと述べている[14]。この著書が刊行されて既に 40 年近くなるが、大学のユニバーサル時代に突入した現在の日本において、その「予言」は現実のものとなっている。

東大を頂点とするいわゆる難関大学の競争は激しく、毎年2月中旬になるとメディアが、大学入試合格者の高校ランキングを発表し世情を賑わしている。ユニバーサル時代になったからこそ、上位にランキングされる大学の「価値」は上昇し続けているのだ。国立の最難関大学と国公私立の難関大学は、選抜が機能して競争率が高い。非常に乱暴な分け方を敢えてすれば、それらの難関大学と総合選抜や指定校推薦・公募推薦などを組合せ一般入試含めて定員を確保できる中堅大学、定員割れ大学の3層に分けられる。少子化の進行は早くから高校に現れ、定員割れなどによる課題校、中堅校、進学校の3極化が顕在化して久しいが、ユニバーサル段階になった大学において、同じ状況が生まれているといえる。

　高校の進路指導では、「難関大学出身でないと、就活ではエントリーの段階で弾かれる。偏差値の高い大学に入って良い会社に入るパイプラインに乗れ！」という号令がかけられている実態がある。大学を出ても就職ができないのではないかという、高校生の不安にマッチしてしまうキャリア教育で煽られ、少しでも良い会社に就職するために難関大学の競争は激化している。高校側も大学進学実績が高校入試の倍率にストレートに反映してしまうので、この循環システムを断ち切ることは容易ではない。

　昨今の大学入試は少子化の影響で中堅大学の入試競争率がやや緩和される傾向もあり、高校の進路指導部からは、受験生側も自分の適性や大学進学の目的などをじっくり考えて大学選びをしている状況も報告されている。本来どの大学に進学するのであっても、このように自分が何を学びたいか、そのためにどの大学で学ぶことが適切なのかが、キャリア教育の基本におかれるべきである。次に、国際的な学力観と学習指導要領の関連を考察する。

4．OECD の学力観と新学習指導要領の「資質・能力」

　2017年に幼稚園、小学校、中学校の学習指導要領が、2018年に高校の学習指導要領が改訂され、本格実施の段階になった。今次学習指導要領は、「資質・能力3つの柱」に貫かれ、コンテンツベースからコンピテンシーベースに大きく舵を切ったことが最大の特徴である。その背景にはグローバル社会が進展し、新自由主義的な国際競争力を高めることが、各国の経済と人材育成に求められたことがある。コンピテンシーに関わる国際的な動向を見てみよう。国立教育政策研究所は次のようにまとめている[15]（筆者要約）。

第9章　高大接続の政策課題と今後の在り方 ― ユニバーサル時代の大学と高校 ―

　OECD が 1999 年から 2002 年に行った DeSeCo（能力の定義と選択）プロジェクトは、多数の国が参加し国際的合意を得て新たな能力概念を明らかにした。20 世紀末頃から国際的な職業社会では、コンピテンシーという能力概念が普及し始め、従来の学力を含む能力観に加えて、図 8 のようにその前提となる動機付けから、能力を得た結果がどれだけの成果や行動につながっているかを客観的に測定できることが重要という視点から生まれてきたのである。言葉や道具を行動や成果に活用できる力（コンピテンス）の複合体として、人が生きる鍵となる力、キー・コンピテンシーが各国で重視され始めた。

　12 の加盟国から、今後どのようなコンピテンシーが重要となるかのレポートを得て、その結果を教育学から哲学、経済学、人類学など学際的な討議を行い、図 9 の 3 つのカテゴリーにまとめた。

　失われた 30 年で停滞した日本経済の立て直しのため、2007、2008 年の学習指導要領改訂の中教審でも、この資質・能力をどのように新学習指導要領に落とし込むかが審議され、「活用能力」が重視されアクティブ・ラーニングが強調された経緯がある。これまでは教育内容（コンテンツ）を示していた学習指導要領が、今次の改訂では、「主体的で対話のある学び」という教育方法まで国家が介入し、資質・能力をベースとした 3 観点評価まで踏み込んで、学校現場を統制しようとしていることは重大な問題であることを指摘しておきたい。

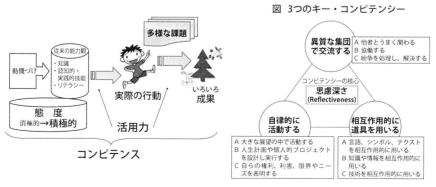

【図 8】　出典：国立教育政策研究所 HP より　　【図 9】　同左 [16]

５．人格の完成を目指す高大の教育内容の接続を

　中教審の今次学習指導要領の審議過程では、「幼稚園から大学まで貫く」ことを方針としており、大学教育政策における「資質・能力」ベースの人材育成と直結しているのである。教育とは社会の発展とニーズに応えて行われるべきもので、技術革新を研究開発することも使命であるが、本来の教育の目的は人格の完成を目指すことにある。しかし、高大接続システム改革会議「中間まとめ（平成 27 年 9 月 15 日）」[17] にある通り、大学教育もディプロマ・ポリシー、カリキュラム・ポリシー、アドミッション・ポリシーの国家政策に縛られ、目的が人材育成に軸を移されているのが実態である。

　今次学習指導要領では、文科省は図 10 の通り OECD のキーコンピテンシー概念を具体化した。知識を活用できることは大切ではあるが、「学びに向かう力、人間性」をどのように評価できるのか、学校現場では大混乱が起きている。文科省は「知識・技能」と「思考力・表現力・判断力」は、自己調整能力で「態度」に密接に現れるものであるから、数値で 3 要素を均等に評価できるものだとしている。その一方で「思いやり、人間性」は数値で測れないので個人内評価とする別枠を示すという矛盾に満ちており、学校現場が混乱するのは当然である。評価には客観性、公平性、保護者への説明責任が求められ、結局学校現場で行われているのは「学びに向かう態度・人間性」を提出物の回数で評価するという実態が起きているのだ。「学びに向かう力」は自己調整能力だとすると、調整できない学習者は自己責任に落とし込まれる虞があることを指摘せざるを得ない。主体的な学びを求めながら、主体性をスポイルするような評価の在り方には大きな問題がある[18]。

　OECD の学力観であるキーコンピテンシーは、本来自律と市民性を育成することにある。しかし日本に導入された「資質・能力」は一人ひとりの人格に、国家の人材育成を落とし込むものに変容してしまっている。高大接続が、この人材育成に基づくのではなく、教育の目的である人格の完成を目指して、時代の変化に即応しつつも、一人ひとりの個性や適性が活かされ、自己がそれぞれに求める知識や教養、技能の獲得ができることを保障すべきである。こうした観点から、国家政策に基づく 3 ポリシーでなく、大学は学問の自由と自治を取り戻し、ユニバーサル・アクセスにふさわしい大学教育の在り方を提すべきである。大学と高校が双方向性で、人格の完成を目指す教育内容で接続していくことが望ましい。

第9章 高大接続の政策課題と今後の在り方 ― ユニバーサル時代の大学と高校 ―

【図10】 学習指導要領改訂の方向性　　出典：文科省[19]

---

(1) マーチン・トロウ著『高学歴社会の大学 ― エリートからマスへ』，天野郁夫・喜多村和之訳，東京大学出版会，1976年，pp56-84 参照．
(2) 統計情報リサーチHP「大学進学の推移」より，「男女の大学（学部）への進学と18歳人口の推移統計」，（最終閲覧2023年10月14日）．
https://statresearch.jp/school/university/students_5.html
(3) 「学士課程教育の構築に向けて（審議のまとめ）平成20年3月25日中央教育審議会大学分科会制度・教育部会」，P3,（最終閲覧10月14日）．
https://www.mext.go.jp/component/b_menu/shingi/toushin/csFiles/afieldfile/2013/05/13/1212958_001.pdf
(4) 文科省HP，大学進学率の国際比較より，（最終閲覧2023年10月14日）．
https://www.mext.go.jp/component/b_menu/shingi/giji/icsFiles/afieldfile/2013/04/17/1333454_11.pdf
(5) 文科HP，「大学進学者数の将来推計について」より，（最終閲覧2023年10月14日）．
https://www.mext.go.jp/b_menu/shingi/chukyo/chukyo4/042/siryo/csFiles/afieldfile/2018/03/08/1401754_03.pdf

101

(6)「2040 年を見据えた高等教育の課題と方向性について　文部科学省高等教育局」より，（最終閲讀 2023 年 10 月 14 日）.

https://www.soumu.go.jp/main_content/000573858.pdf

(7)　毎日新聞 「文科相、大学の再編・統合を中教審に諮問　入学者数の減少を見据え」，2023 年 9 月 25 日，（最終閲讀 2023 年 10 月 14 日）.

https://mainichi.jp/articles/20230925/k00/00m/040/270000c

(8)　高等教育の公財政支出国際比較，SYNODOS，専門家の見解が読める教養ポータル，シノドス社会動向研究所，2012 年 6 月 19 日，（最終閲讀 2023 年 10 月 14 日）.

https://synodos.jp/opinion/education/1356/

(9)　文科省 HP，「大学進学率の国際比較」，P26，筆者加工，（最終閲讀 2023 年 10 月 14 日）.

https://www.mext.go.jp/component/b_menu/shingi/giji/icsFiles/afieldfile/2013/04/17/1333454_11.pdf

(10)　高等教育の公財政支出国際比較，SYNODOS，専門家の見解が読める教養ポータル，シノドス社会動向研究所，2012 年 6 月 19 日，（最終閲讀 2023 年 10 月 14 日）.

https://synodos.jp/opinion/education/1356/

(11)　文科省，参考資料 2，大学入学者等の推移より，（最終閲讀 2023 年 10 月 14 日）.

https://www.mext.go.jp/content/20201126-mxt_daigakuc02-000011142_9.pdf

(12)　マーチン・トロウ前掲書，P61.

(13)　国公私立大学の在籍者数と学校数の推移，統計情報リサーチより，（最終閲讀 2023 年 10 月 14 日）.

https://statresearch.jp/school/university/students_5.html

(14)　マーチン・トロウ前掲書，P77.

(15)　国立教育政策研究所 HP 参照，（最終閲讀 2023 年 10 月 14 日）.

https://www.nier.go.jp/04_kenkyu_annai/div03-shogai-lnk1.html

(16)　図 9・10 とも，国立教育政策研究所 HP より，（最終閲讀 2023 年 10 月 14 日）.

https://www.nier.go.jp/04_kenkyu_annai/div03-shogai-lnk1.html

(17)　文科省 HP より，「資料 2 - 3　三つのポリシーに基づく大学教育の実現に係るこれまでの主なご意見」，（最終閲讀 2023 年 10 月 14 日）.

https://www.mext.go.jp/b_menu/shingi/chukyo/chukyo4/015/attach/1366198.htm

(18)　詳細は小池由美子著，「高等学校学習指導要領と観点別評価 ― 資質・能力に関する考察 ―」，『大東文化大学教職課程センター紀要　第 8 号』，2023 年 12 月参照.

(19)文科省 HP，「新しい学習指導要領の考え方」，P2 より，（最終閲讀 2023 年 10 月 14 日）.

https://www.mext.go.jp/b_menu/shingi/chousa/shisetu/044/shiryo/csFiles/afieldfile/2018/07/09/1405957_003.pdf

第 10 章

大学職員が学生の学びにどうこたえるか
― 成績不振学生の対応
（学部事務室からの視点）―

安東　正玄

はじめに

　大学教育システムの根幹は高校と異なり「主体的な学び」であり、多様なプログラムから自らの興味関心をベースに科目やその他サービスを選択し学んでいくシステムであることは言うまでも無い。そのため「学びたい」と思っている学生にはより多種・多様なプログラムを提供し、より充実した学生生活を送れるように各大学の特徴を生かしながら工夫を凝らしている。

　それと同時に、2000 年代初頭から「18 歳人口減」への対応や「大学全入時代」「大学淘汰の時代」と言われ続け、それに加え初等中等教育の教育内容の変化に伴う対応など、大学における教育環境は日々変化している。その中で地方大学（特に私立大学）としては、「教育の質向上」「学生満足度」「多様な学び」などのキーワードが飛び交う中で、「主体的な学び」を前提としてきた大学教育システムだけでは対応できない学生層が一定数増えてきており、その対応に日々頭を悩ましている。

　その問題の学生層の一部分であるかもしれないが「成績不振」として数字でとらえることができる。それらの「成績不振」である学生実態をどのように把握し、サポートしていくかが重要な課題である。その解決のためには、大学の構成員である「教員」「職員」「学生」が、それぞれが関係しあって、日々過ごしていることから、それぞれの特徴を生かしながら取り組んでいく必要がある。しかし、教育に関わって言えば、当事者である「教員」「学生」がクローズアップされることは多いが、そこに「職員」が出てくることは少ない。その理由として考えられるのが、職員は大学の財務・機器管理など、管理業務だけでなく配属された部署ごとに組織だった多様な業務をこなしているが全て裏方のイメージがあり、特に学生からは見えにくい存在であるともいえるだろう。学生

と接する機会の多いはずの学部事務室の職員であっても、教員と共にプログラムの開発や授業外の実務や初期対応などをおこなったり、学生と共に企画の調整や、それらのサポートなど業務をこなしているが、多くの学生は職員との直接的な関りを持つことなく卒業していく。

　この文書については、そのような大学職員に着目し、学生の学びにこたえるか、成績不振学生の対応の話を中心として、学部事務室職員目線でどのように取り組んでいるかを一部であるが紹介したい。また、これから紹介する内容については、人員削減や業務の効率化という名のコストカットの大きな流れの中で、今後数年後も続けているとはとても言い難い内容も含まれる。言い方を変えると、こんな取り組みをしていた時代もあったと記録として残しておきたいという著者の思いもあるので、ご了承いただきたい。

１．学部事務室の業務の特徴

　大学の教育プログラムは１年間（セメスター単位で取り組んでいる場合は、そのセメスター単位）を通して、学部カリキュラムの学年進行と大学の全体スケジュールに沿って、各種プログラムの期限を切って提供している。そのプログラムによっては、学部事務室だけでなく、学内の他部署、または学外の専門機関と連携して、実施しており、毎年（毎セメスター）、前回の取り組みの反省を踏まえながら、ささやかな改善、または教員と連携することで大胆な改善をして実施している。

　なお、学部事務室の職員は一人で複数の業務を担うのが一般的であるし、最近はより効率化を求めて、学部事務室を１カ所にまとめて、ワンストップサービスをうたい学部横断的な業務を一人で行うところも出てきている。

　程度はあるにしろ、一人で複数の業務を担うことで、いろいろと問題意識を持ち、あらゆる側面から改善・効率化をしていこうという意識は芽生えやすいが、日々締切に追われる業務が多く、その問題意識を具体化させるのは、それなりに大変な事でもある。

　また、一般的には学部事務室は日々教員と接しやすい場所にあり、大学によるとは思うが、業務ごとに担当教員と協働して取り組むケースも多く、担当していただく教員に対して職員からの提案を聞いてもらい具体化までの道筋についての相談や、判断や意見交換を行っている。（先のワンストップサービスとして事務室を１カ所に集めるようになれば、このような業務の仕方は結果的に

第10章　大学職員が学生の学びにどうこたえるか ― 成績不振学生の対応（学部事務室からの視点）―

無くなりやすい傾向にあると言える。）

　学部生の窓口対応については、一時的には学部事務室の職員が担うことになり、日々の相談（履修・休学・授業のクレーム等々）を受け付けて、窓口に来る（コロナ禍以降はメール、電話も多い）学生の状況について一定集約しやすい環境でもある。

　一方、親から「自分の子供は授業に出ていますか？」「子供と連絡が取れない」等の問い合わせも以前からあるが、最近気になるのは、授業のための Web コースツールに入るための ID とパスワードを親が知っており、授業内容まで把握しているという事例も数件聞くことがあり（親が子供に代わってレポート等を出していないことを祈る）、また授業内容について当事者である学生ではなく親が事務室に質問してくる事例も以前から少なからずあり、親子関係についても考えさせられるケースもあるのが学部事務室の特徴とも言えよう。

２．学部事務室での学生の実態把握方法と共有

　先ほど述べた窓口や親から問い合わせは、単発的なものであり、ある意味特別な事例として扱われるケースがほとんどである。それに対して、学生に対してアンケートを取るなどして経年比較しながら実態を把握する取り組みが一般的ともいえる。

　ここでは、ある大学の学部事務室で把握している学生実態をどのように活用しているか紹介する。

２．１．学生実態アンケート（毎年秋学期実施）

　今回紹介する大学では大学全体では授業アンケートを実施しているが、学部単独で別に「学生実態アンケート」を秋学期に実施している。秋学期には、次年度の受講の関係でコース選択やゼミ選択等、学生が必ず申請しなくてはいけないような取り組みがあり、それとセットでアンケートを実施（アンケート込みで回答しないと申し込みができない仕組み）しているので、回答率が80% 以上になる。設問内容は、回生毎に微妙に変えている（例えば 1 回生ではなぜこの学部を選んだのか、2 回生ではコース選択に関する設問、3 回生では進路意識に関する設問等）。またアンケートの設問調整及び分析については、学部事務室で基礎的な作業をした上で、担当教員が調整・詳細分析し、教授会の報告も教員が行う。

２．２．１回生小集団授業に支援に入っている学生（２～３回生）との懇談会

　１回生の小集団授業には２～３回生の上回生（比較的成績が優秀な学生）に教育サポーターとして入ってもらい、授業支援業務を担ってもらっている。また、１回生の生活に対する不安や仲間づくり支援などは、ボランティアとして別の学生団体が入り支援している。春学期、秋学期と１回生の小集団授業があるわけだが、各学期の中頃に、支援に入ってもらっている教育サポーター学生と１回生小集団の担当教員、副学部長、学生主事の教員との懇談を実施し、各クラスの１回生の様子やクラス運営で困っていることなどを聞き取っている。

　※教育サポートする学生は時給制、生活支援・仲間つくり支援の学生は無給（ボランティア）で運用している。

２．３．成績不振学生の面談

　春学期には主に２回生以上、秋学期には主に１回の成績不振の学生を抽出し当該学生に通知、連絡を受けた学生自らの申請にもとづいて、小集団担当教員との面談を実施している。ただし、小集団担当教員との面談を好まない学生の場合は他の教員による面談となる。面談は主に生活面と学習面の指導になるが、面談をするにあたり事前アンケートを学生に答えてもらい、学生が何に困っているか、なぜそのようなことになったのか振り返る内容になっていることと、学部として大枠把握する仕組みになっている。よって、教授会等の会議体に報告する「面談のまとめ」にそのアンケート分析結果も掲載している。

　なお、面談をしていただいている教員に対して、事務室からレポートの書き方や学部の学び方等の初心者向けの書籍紹介（担当教員が作成）や、コロナ過で作成した上回生と教員の対談（動画）で紹介した書籍や夏期休暇中に読むべき図書一覧などを紹介した資料などが掲載されいるサイト（学部独自に作成）を学生に紹介してもらうようにツールとして用意している。面談する教員は学生の必要性に応じてそのツールを紹介してもらう。

　学部ごとで異なると思うが、この学部では低回生での躓きが上回生まで尾を引く傾向にあり、特に１回生の時に手厚い支援をすることが重要との意見が、職員・教員ともに一致している。そのため、2023年度の秋学期から行う１回生の単位僅少面談については、申込制ではなく、対象学生全員連絡を取り、実態を把握することに重点を置き、教員の面談にこだわることなく、事務室の職員のヒアリングでも対応可能として取り組もうとしている。

第 10 章 大学職員が学生の学びにどうこたえるか ― 成績不振学生の対応（学部事務室からの視点）―

２．４．学部主催の学習相談会

春学期と秋学期にそれぞれ複数回個別相談会を実施している。対応するスタッフは、先の教育サポーターと院生等に担ってもらい、あらゆる相談を受け付けている。本来は、成績不振学生をターゲットで開催していたが、事務室として来て欲しいと思っている学生はほとんど来ないし、近年はどちらかと言えば、１回生の成績をもっと上げたいという意識の高い学生が圧倒的に多い。面談前に簡単なアンケートに答えてもらい、何に困っているのかを面談者がわかりやすくするとともに、面談終了後回収し相談に来た学生の傾向をまとめている。その結果は教授会に報告している。

２．５．学生自治会との懇談会

春学期と秋学期に各１回、五者懇談会という名称で開催している。この懇談会では学生自治会が取り纏めた学生の要求について、学部長、副学部長、学生主事の教員が答えるのが主ではあるが、教員の方から学生に質問するとこともよくある。開催した内容は教授会に報告するとともに、学部生向けに議事録として一定期間公開している。（この公開については 2016 年春学期に学生から要求があり、2016 年秋学期から実施している。当学部に属している学生・教職員のみ参照可）

先に紹介した通り、いろいろな情報があるが、ほとんどが学部執行部（学部長、副学部長（複数人）、学生主事）を経由して教授会に報告されている。

実際、新型コロナ感染拡大の関係で、友人関係が薄くなった問題や、リモート授業と対面授業での学生の意見なども先の取り組みで等で把握し、学部執行部で議論し各種取り組みの方針に反映していただいていると事務室の職員も感じている。

また大きなくくりとしてアンケートで実態を把握しつつ、教員による個別面談をしてもらい、学生個人の悩みを教員が実際にきく事で、教員の経験値も上がっていく。

雑談レベルの話ではあるが、学部事務室ではよく聞かれる話として、「（事務室の職員曰く）教員は学生時代から成績優秀であり、勉強ができない学生の気持ちがすぐにわからないもの」「（教員曰く）なぜ勉強が楽しくないのか理解に苦しむ」がある。その意味では成績不振の学生の話は教員にとっては驚きと発見の連続かもしれないが、多くの大学職員は、学生の気持ち（状況）もわからないわけではない立場にいるとも言えよう。その意味では、成績優秀層の学生

107

は教員のサポートでより学びを充実し、特に支援を必要としない中間層は何事もなく普通に学生時代を過ごし、成績困難層は職員によるサポートが重要とも言えるかもしれない。

３．成績不振学生をどう見てサポートするか

３．１．やる気はあるが成績に反映しない学生

　学部としては、成績不振の学生に対して、その原因について自ら振り返り、その対策について自ら答える（必要に応じて、教員や職員からヒントを出す）方向で、個々の改善が進むように支援をしているが、実際一人ひとり話をすると、それぞれの状況が見えてくるケースがあるが、その多くは事務室からの呼びかけに対して「反応してくれる学生」であり、その意味では少しでも「やる気はある学生」であり、その学生は何とか支援可能な範囲であるともいえる。これらの学生は、大学側が学生自身の声をよく聞く事で、答えではないが、改善に向けた方法が見えてくるときがある。

　また直接的でなく間接的な状況の把握の仕方もある。１回生の小集団を生活面で支援している２回生を中心とした団体がある。その団体を構成している学生自身も１回生の時に苦労した経験があり、その苦労をしないで済むように１回生を支援したいという思いの持ち主であるので、この２回生の集団の声を聴く事で１回生の苦労している内容を把握する取り組みも始めている。その団体からヒアリングをしてみると、学部事務室で実施している相談会は「相談することが明確になっている学生」のみが相談に行けるのであって、何を相談していいかわからない学生には参加しにくいという指摘であった。また１月の定期試験まえの学部の取り組みについても、12月開催では学部が想定している学生は誰も参加しない。１月になってから企画を打つべきと指摘され、事務室としては、定期試験対策は１月に入ってからでも定期試験の勉強は間に合うと思われたくないという意見と対立したが、結果12月末ごろに１度企画は実施し、１月初旬にもう一度「おさらい」として企画をする流れで調整をしたりもした。また、学生に配布する資料についても難しい言葉では理解できないとして、自分たちもわかる文書であるか確認させてほしいとの要請もうけた。ありがたい話であるが、そのような話は、教員の学生への接し方でも異なるが、成績評価する側の教員と評価される側の学生との関係の外にいる職員の方が話しやすいのではと感じている。

第 10 章　大学職員が学生の学びにどうこたえるか ─ 成績不振学生の対応（学部事務室からの視点）─

３．２．精神的な障害を抱えた学生

　精神的な問題を抱えている学生は今となっては珍しくない。特に 2021 年 6 月公布された「障害を理由とする差別の解消の推進に関する法律」（通称：障害者差別解消法）は、物理的な怪我の配慮だけでなく、精神的な問題を抱えた学生に対しても、自ら要請・相談することで、一定の配慮を大学が実施するようになった。その意味では、今まで隠れていた「障害」が大学側としても目に見える様になったとも言え、実態も以前より把握しやすくはなっている。しかし、この法律を知ることもなく要請・相談してこない学生も少なくない。その場合、自分で苦労を抱えて授業に出られないう現象として現れる学生もいるので、小集団授業等教員の目の届く範囲で欠席が多い学生の情報を事務室として把握することは、学生実態把握として有効とも言える。

　大学では多くの制度（サポートセンター、カウンセラー等の学生総合相談窓口等や休学制度や授業配慮制度等）を用意しているが、知られていないことも多く、それらを当事者（学生）に伝えていくのも職員の仕事である。

　また、高校の時から精神的な問題を抱えつつも、学校の支援で乗り越えてきた学生にたいして、高校からの引継ぎの情報があるわけでないので、必要であれば自ら大学に申し出るか、誰かに気づいてもらう事が必要であり、それなりにハードルも高い。ただし、一部ではあるが附属校との連携としてこれらの情報を把握して支援に当たるということも取り組んでいるが、学生全体から言えばそれはほんの一握りとしか言えない。その意味では大学側が「気づいてあげる」そして「自ら申し出るように支援する」対応が問われているとも言えよう。

３．３．自分はこんな大学に居る人間ではない（隠れ浪人）

　地方の私立大学の困った悩みは、俗に言う「隠れ浪人」（仮面浪人ともいう）、大学に入学はしているが、再度他の大学を受験し直そうと考えている学生の存在ではないかと思う。学部事務室の人間としては、どの大学に入学したとしても、学ぶべきものは大差なく、どれだけ自分のものにできるかではないかと思うが、社会が出身大学を一つの物差しにしている実態もわかっているので、そこは悩ましいとは思う。また見方を変えれば、隠れ浪人は「プライドが高い学生」であり、もし希望の大学に入れたとしても、そのプライドの高さから、うまくやっていけるか、社会に出ても大丈夫かと心配してしまう。その一方、どの大学に行くか等は本人の自由であり、少なくない授業料を払い大学に入っても、他の大学を受け直すからとして、授業に出ないのも学生の自由とも言える。それに対して心配するのは余計なお世話とも言える。

109

ただ、そのことを明確にする（正直に言ってくれる）学生はまだいいが、そのことも明確にせずに、授業を欠席し、連絡も取れない学生の中に紛れてしまうのが、学部事務室としては困る問題とも言える。なお、最近の話であるが、入学早々親から電話があり「本人は他大学に行きますから、授業には出させません」と言ってきたケースがあり、本人の意思なのか、親の意思なのかわからないケースも稀にある。

　これも良くある話として、この隠れ浪人の中でも、結局は他大学の入学をあきらめて、2回生以降も今いる大学で頑張る学生もいる。学部事務室から見れば、隠れ浪人だとしても1回生の基礎科目と言われている授業だけは真面目に出るようにしておけば、本人のリスク管理としては問題ないと思う次第であるが、あえて苦労を選んだのだから、そんな中からも何かしら学生は学んでいると信じたい。

　なお、学部としてはこのような隠れ浪人を減らす取り組みとして、魅力ある学部教学にするのが近道と考え、入試改革や、カリキュラム改革、小集団授業の改善（学生同士の学びあいや仲間つくり）や学びの達成感が得られるように、教員と学生とのコミュニケーションがとりやすくなるツールの提供など取り組んでいると付け加えておく。

3.4. 自分で学部を選択していない学生

　俗に言う一文字・二文字学部で多いのは、親や高校（または予備校）の先生にこの学部に行くとよいと言われ入学はしたものの、学部の学びに全く興味が持てない学生が成績不振者の中にいる。この場合、改めて、学部の学びの楽しさから伝えてはいくが、そう簡単ではない。

　卒業に必要な単位の説明とそのための受講登録、そして授業進捗と課題提出の管理など、一定間隔で状況を見守りながら、様子を見ていかないと卒業までの道のりは遠い。しかもその支援は強制できるものでないので、本人が支援を望んでいることが前提となる。やはりここでも、多少なりとも主体性（もしくは卒業したいという強い意志）を持った学生である必要性がある。

3.5. 受講登録もしなければ、連絡も取れない学生

　学部事務室にいて、いろんな意味で一番困るのはこのタイプの学生である。受講登録申請期間が過ぎても、受講登録をしていない学生に対してはリストアップし、そのリストに成績不振か否か、過去の相談履歴の有無などを追加しながら、事務室内で手分けして一斉に電話掛けをしている。単にうっかりして

第10章　大学職員が学生の学びにどうこたえるか　― 成績不振学生の対応（学部事務室からの視点）―

いて受講登録忘れの学生のパターンもあれば、繋がらない携帯番号だったり、いくら電話かけても全く連絡が取れない学生も当然いるので、その場合は実家や親の携帯番号に電話をしている。親からだと連絡が取れるケースが大半ではあるが、親からも連絡が取れないとして、親が下宿先まで行き、状況を把握してもらうケースもある。その場合、単に遊びまくっていたという話から、精神的な問題を抱えていて、即実家に連れ帰ってもらうというケースもある。その意味では成績不振と受講登録単位数0（ゼロ）という数字には事務室の職員は対応し状況を掴まないと気持ち悪い（理由が知りたい）感覚に襲われるものである。

４．おまけ：コロナ禍のリモート授業が教えてくれたもの

　先の学生実態アンケートや五者懇談会等での学生との交流で、大学での学びの大事な要素が明らかになったと個人的に感じているものがある。それは「学ぶ環境」である。

　リモート授業（もしくはオンデマンド授業）は、レジュメ等「いつでも、どこにいても授業に参加できる」環境を作り出し、何度でも授業内容を確認して学びが深まったとし、今後もそのような環境を継続して欲しいと願う学生もいれば、「大学に行くことで学習環境が作られていたことに気がついた。」大学に行かなくても授業が受けられる環境は、さぼり癖のある学生にはかなりきつい（いつでも確認できるとして結果さぼってしまう）と言う学生もいる。

　学生自身が、どの様な環境の方が自分の学びに適しているかが、理解できているのであれば、学生がリモート授業または対面授業を選ぶのがふさわしいようにも聞こえるが、通信制の大学ではない限り、授業は対面であるが、授業で使用する教材はオンデマンド方式でいつでも確認できるように工夫している授業がある意味限界かもしれない。しかしながら、後で述べるように、オンデマンドの教材やWebコースツールの活用は学生のアクセス履歴の参照が可能なので、それらのデータを活用し、学生の勉強状況（アクセス状況）から授業形態の見直し材料も得やすくなったのではないかと思われる。

　一方、職員から見れば、リモート授業（もくしくはオンデマンド授業）での学生のアクセスログから授業に参加しているか否か、レポートを出しているかどうか等も調べることが可能で、連絡の取れない学生の安否確認として活用しているケースが出てきている。コロナ禍前の昔ながらの大教室の授業では、学

111

生が本当に教室にいるのか（大学に来ているのか）否かは、担当教員に出席状況の確認をお願いせざるを得ないが、出席を取らない授業もそれなりにあり、その場合の安否確認は下宿先に行くしか手がないという話であったので、その意味ではコロナ禍以降の安否確認がやり易くなったとも言える。

　若干話は脱線するが、初めての一人暮らしが心配な親が、子供の下宿先にWebカメラを設置したという話もある。またスマホやその他ツールで自分の子供（学生）がどこにいるか確認している親もいるし、子供（学生）もそれを平気に思っている話を聞くことがある。安全を第一に考えるとそれもあるかもしれないが、大人に成長していく過程で親子関係を現在のデジタル社会がいびつにしている感も否めない。

　以上、学部事務室による学生実態の把握と対応について記述してみた。成績不振の形で表面化した各種問題の他、自立しきれない学生と子離れできない親の問題も事例は少なかったが触れておいた。

　本来の大学における主体的な学びだけでは、対応しきれない問題を抱えた学生をいかに早く認識し、当該学生の話を聞き必要な情報に触れさせ、自ら判断させるなどして、少しでも主体的な学びに近づけようとする職員の仕事について少しは理解していただけただろうか。そのような学生は今後も増えてくることが考えられるので、どこまで丁寧な対応ができるかは不透明であるが、現在の取り組みとして記録にとどめておくとする。

【参考文献】
安東正玄，「学生の実態把握の仕方（学部事務室の場合）」，大学の図書館第41巻9号（2022.9）136頁.

第 11 章
大学図書館の役割

村上　孝弘

１．大学図書館の現状と課題

１．１．大学図書館の現代的課題

『図書館情報学用語辞典』（第 5 版）[1] では、「大学図書館」は次のように定義されている。

　一般に四年制大学、短期大学、高等専門学校に設置される図書館を総称するが、四年制大学の場合のみを指すことも多い。大学図書館は、大学における教育と研究を支援する目的で設置され、第一義的には所属大学の教職員、学生を主なサービス対象とするが、相互利用制度により他大学構成員に利用させるほか、公開制度により一般の利用を認めている場合もある。大規模大学では、中央図書館のほか、分館、部局図書館（室）、学科図書室レベルまでを大学図書館と総称する場合もある。日本の大学図書館設立の法的根拠としては、「大学設置基準」（文部科学省令）第 36 条に大学に必備の施設としてあげられている。近年では、一連の授業科目・カリキュラムに掲げられた目標を、大学教育全体で効果的に達成するために教育・学修支援を進めることが強調されており、とくに情報リテラシー教育を進める上で、大学図書館の効果的活用と機能強化が喫緊の課題と認識されている。

（下線は筆者による）

　同辞典は、1997 年の初版以降、これまで 5 版を重ねている。第 5 版（2020 年）には、第 4 版（2013 年）までは記載されていなかった下線部の事柄が追記されている。追記された内容は、大学図書館の教育・学修支援の強化であり、学士課程答申以降に着目された「学士力」の涵養のために、大学図書館の役割が再認識されたことが反映されている。

1．2．大学図書館設置の現在の法的根拠

大学図書館設置の法的根拠としては、「学校教育法施行規則」の第1条「学校には、その学校の目的を実現するために必要な校地、校舎、校具、運動場、図書館又は図書室、保健室その他の設備を設けなければならない。」のほかに、設置・運営について直接規定する法律は存在しないとされている[2]。なお、国立大学の図書館については、「国立学校設置法」（1949年5月）第6条に「国立大学に、附属図書館を置く」と規定されていたが、法人化により同法は廃止されている。公立大学は地方公共団体の定める条例で設置されてきたので、図書館も条例に規定されていた。私立大学の図書館には、その設置に関する具体的な法規は存在しなかった。これらのことから、国・公・私立大学図書館の法的根拠は、学校教育法施行規則にあるということである。

そのため、大学図書館の具体的な設置については、「大学設置基準」に拠るところとなっている。同基準では、まず（校舎）として第36条に「大学は、その組織及び規模に応じ、教育研究に支障のないよう、教室、研究室、図書館、医務室、事務室その他必要な施設を備えた校舎を有するものとする。」とあり、施設群の一つとして図書館が位置づけられている。

さらに図書館は、（教育研究上必要な資料及び図書館）として、第38条にあらためて次のように規定されている。

> 大学は、教育研究を促進するため、学部の種類、規模等に応じ、図書、学術雑誌、電磁的方法（電子情報処理組織を使用する方法その他の情報通信の技術を利用する方法をいう。）により提供される学術情報その他の教育研究上必要な資料（次項において「教育研究上必要な資料」という。）を、図書館を中心に系統的に整備し、学生、教員及び事務職員等へ提供するものとする。
> 2　図書館は、教育研究上必要な資料の収集、整理を行うほか、その提供に当たって必要な情報の処理及び提供のシステムの整備その他の教育研究上必要な資料の利用を促進するために必要な環境の整備に努めるとともに、教育研究上必要な資料の提供に関し、他の大学の図書館等との協力に努めるものとする。
> 3　図書館には、その機能を十分に発揮させるために必要な専門的職員その他の専属の教員又は事務職員等を置くものとする。

このように、大学図書館は大学設置基準上も明確にその設置が定められてい

第 11 章　大学図書館の役割

るものであり、他の事務組織とは異なり、その機能・内容についても詳細に規
定されてきた。事務組織の一部にありながら、人事異動その他の面で、従来か
ら大学図書館が独立した機関であるという色彩が強かった要因は、このような
独自の法的根拠を有することにも拠っている。

1.3. 大学図書館職員の現状

　大学図書館は大学設置基準において、施設・設備面、人的側面それぞれに詳
細な根拠規定が定められている。特に、人的側面において大学図書館職員は「そ
の機能を十分に発揮させるために必要な専門的職員」と規定されていることか
ら、従来から「図書館職員＝専門職」と見なされることが多くなり、一般的な
大学職員と大学図書館職員の間において、ある種の隔たりがあった。図書館員
について、教壇に立つ人間と事務を取る人間との中間的存在とし「一般事務と
異なり、特殊な技術を備え、専門知識をもつ人、いわゆる専門職といわれる。
したがって、一般事務とは違うのだという意識が多かれ少なかれ図書館員の人
格の中に根をおろしている」[3] と評されることもある。

　大学図書館職員の属性についても、これまで多かったいわゆる司書採用の大
学図書館職員の多くは、大学職員としての自覚ではなく、「図書館司書」とし
ての専門職の意識が強く、「ライブラリアンとその他の大学職員の意識や業務
の違いの溝は深く、情報関連組織の職員とも簡単には融合は難しい。」とも指
摘されている [4]。

　また、近年の、大学図書館現場における非専任化・外注化の促進により、司
書職を含めた大学図書館職員の育成・確保の在り方については、各大学におい
ても大きな課題となっている [5]。大学図書館職員の現状は、構成員の多層化が
進展しているが、アウトソーシングの進行も看過できない状況である。

2.　大学図書館における学習支援の歴史的展開

2.1.　大学図書館近代化と学習支援

　現代の日本の大学図書館においては、学習支援が一つの大きなトレンドとな
った。しかし、既に 1960 年代から 1970 年代にかけての「大学図書館近代化」
の時期においても、米国の大学における学習図書館の運営などが紹介され、大
学図書館における学習支援の重要性は認識されていた。『わが国の高等教育』[6]
には、「大学図書館は単に文献（図書・資料）を保管するにとどまらず、文献

115

の効率的な利用を図り、積極的に学生、教官および研究者に協力すべき重要な役割を有している」（p113）とされ、図書館をとおした学習支援の認識が読み取れる。この時期には日本学術会議により大学図書館に関する2度の勧告（1961年、1964年）が出されるが、文部省においても大学図書館に関する様々な施策が順次実施されていくこととなる。

　大学図書館近代化政策としては、文部省における情報図書館課の設置、大学図書館視察委員の設置、大学図書館実態調査の実施等が主な施策として挙げられるが、大学図書館と学習支援の観点からすれば指定図書制度の実施が最重要の施策の一つである。指定図書制度とは、「指定図書（教官の講義等に直接関連して学生が必読すべきものとして指定される『教官指定学生専用図書』で、試験等の際には多くの場合その内容も問題の中に含まれるものをいう）を、附属図書館に別置し、講義等の進展に応じて利用させる制度であって、複本を備え、新制大学の単位制の理念を生かし、教室外の自学自習に資するものである」[7]とされている。この「新制大学の単位制の理念を生かし」という理念は、まさに現代の「単位の実質化」の議論に直結するものである。

2.2. 学習環境の変化と図書館

　いわゆる「学士課程答申」（2008年12月）を受けて、各大学における学びの環境には大きな変化が生じた。「TeachingからLearningへ」という言葉に代表されるように、学習のあり方の転換が求められたのである。従来の座学中心の学習形態とともに、グループ学習や相互討論の形式が重視され、「MOOC」（Massive Open Online Course）や「反転授業」といった言葉が一躍注目された。これらの変化を受けて、図書館には、新しい「学びの場」としての役割が大きく着目されてきた。その新しい「学びの場」としての役割は、ラーニング・コモンズの導入により、2010年代以降に多くの大学図書館において展開された。コロナ禍による中断はあったが、ラーニング・コモンズにおける学習支援は、今後も大学図書館にとっては重要な課題であることに変わりはない。

　ラーニング・コモンズの登場とともに、これからの大学においては、図書館の存在意義が従来に比して格段に重要なものになってきた。図書館はこれまで以上に各教学主体と連携した学習支援機能の充実が求められている。学習成果（ラーニング・アウトカムズ）の向上を図るために、図書館における学習支援体制を強化することが重要な課題として浮上している。

　これまでの図書館関係の主要な政策文書は、「学術情報基盤としての大学図書館等の今後の整備の在り方について（中間報告）」（2005年6月）、「学術情報

基盤の今後の在り方について（報告）」（2006年3月）、「学術情報基盤整備に関する対応方策等について（審議のまとめ）」（2008年12月）など、主に情報基盤としての図書館のあり方に言及する内容が多かった。しかし、現下は「大学図書館の整備について（審議のまとめ）－変革する大学にあって求められる大学図書館像－」（2010年12月）や「学修環境充実のための学術情報基盤の整備について（審議まとめ）」（2013年8月）のように、学習支援や教育活動への図書館の関与、大学図書館や図書館職員のあり方そのものの変革を問う内容となってきている。

　米国においては、戦後の早い時期から学習用図書館が設けられ、指定図書をとおした図書館における学生の学びが定着してきた歴史がある。ラーニング・コモンズも学習支援サービスの場として学習用図書館を中心に展開されてきた側面が強い。これに対し、日本の大学図書館には学習図書館の歴史はなく、指定図書制度も定着しなかったのであるが、21世紀以降に俄かにラーニング・コモンズの導入がなされることとなった。まさに学習支援の模索的運用がなされているのが、わが国の大学図書館の現状といえよう。

　大学図書館近代化期から約半世紀を経た現代においても、大学教育の改善の課題は継続されている。現下のグランドデザイン答申の眼目の一つは「学修者本位の教育への転換」であり、学士課程答申以降の単位制度の実質化の重要性があらためて認識されるものとなっている。21世紀以降は、リアルな「場」としてのラーニング・コモンズの設置が大学図書館における学習支援の展開の主眼であったが、コロナ禍では、サービスを提供する場所そのものの喪失が課題となり、ラーニング・コモンズの新たなあり方が問われている。

３．大学図書館の発達史と大学図書館の役割の確立

３.１.大学図書館の歴史的位置付け

　寺崎（1999）[8] は、日本の大学において附属図書館が一貫して高い位置を与えられてこなかった事実を指摘し、こうした事実を招いた第一の原因を、「日本の近代大学の中軸をなした旧帝国大学が行政機関としての性格を刻印されていたこと」としている。旧帝国大学には、「『教官』としての教授・助教授等の職制と、『事務官』としての書記官・書記・雇等の職制」の二つの職制しかなく、「その相互の間には待遇、身分上の大きな格差があり、図書館職員をその専門性に即して位置づけるべき『司書官』といった両者の中間の職制はなかっ

た」ため「図書館の職場に従事する人々は、身分・待遇の低い方の事務官系列の、さらに下位の部分に位置付けられるという事態が生まれ」、そのことを「『書庫の鍵番』としての図書館員が生まれたゆえん」としている。第二の原因としては、「大学の内部組織の割拠性と閉鎖性」を挙げ、日本の大学では、「学部・学科・講座・研究室・教室といった各組織が、それぞれ独立性と割拠性を強く持っており、それらの組織相互の間に、情報交流の必要性がほとんど生まれなかった」ため、総合図書館的な要素が発展しなかったとし、日本の大学図書館の発展史に大きな影を落とした条件の第三を「大学教育というものに対する知的社会の認識の弱さ、という点に求められるのではないか」と指摘している。日本の大学では、教育を行う場は、学部や研究室や教室にあるとみなして、大学のキャンパス全体、図書館も含めた諸施設の全体にあるという意識が極めて弱かったということである。

　日本における現在の図書館職員像はこのような歴史的概念だけに縛られているものではない。しかし、現在においても、図書館職員の大学における位置付けは明確なものではない。私立大学の多くは、司書職採用の図書館職員よりも、一般職採用の図書館職員が圧倒的である。図書館職員の専門性に対する認識はまだ十分には醸成されていないということであろう。それと同時に図書館職員の意識の多様性についても検討しなければならない。図書館職員としての意識の高い職員には、先ず司書職採用者が考えられる。また一般職採用でも図書館異動を契機として図書館活動への意識を高めている職員も多い。しかし、図書館に対する意欲や熱意が少ない職員も数多く存在していることも現実である。さらに図書館職員としての自覚が強い人ほど、専門性の殻の中に閉じ籠もってしまい、大学職員としての自覚が低いのではないかということも従来からよく言われている。

３．２．大学図書館の現代的位置付け

　「大学における大学図書館の現代的位置付け」としては、文部省・文部科学省における所管部署の二重性を挙げることもできる。現在、文部科学省において大学を直接的に担当する部局は、高等教育局である。大学図書館は大学の組織の一つであるから、大学図書館も当然ながら高等教育局に所管される。しかし、大学図書館を所管する部局としては、さらに研究振興局が該当する。大学図書館実態調査を実施している部署が研究振興局であるから、大学図書館にとっては研究振興局が実質的には主たる担当部局ともいえよう。

　「2040年に向けた高等教育のグランドデザイン（答申）」（2018年11月）の

第 11 章　大学図書館の役割

公表を端緒として、中央教育審議会大学分科会質保証システム部会で大学設置基準の改正が審議された。このことに関連して大学図書館に関する箇所の改正案の作成を、国立大学図書館協会に「助言」したのは、文部科学省研究振興局である。国立大学図書館協会は、この「助言」を受けて、大学設置基準の改正に向けた準備作業に着手している。国立大学図書館協会による改正準備作業は、グランドデザイン答申から1年後の2019年11月の理事会で改正試案が了承され、同案は文部科学省研究振興局に送付されたが、議論は1年ほど停止状態となる。その後、2020年度になり中央教育審議会に質保証システム部会が設置されたこともあり、大学設置基準の改正も具体的な検討段階に入る。この流れの中で、2020年11月30日に開催された第89回国公私立大学図書館協力委員会で大学設置基準の改正について協議され、以後、大学図書館に関する大学設置基準の条項の改正作業は、国公私立大学図書館協力委員会に審議の場が移される。同委員会には、「大学設置基準改正タスクフォース」が設置され、2回（2021年3月18日、4月9日）の審議が行われ、2021年4月21日に国公私立大学図書館協力委員会委員長館（慶應義塾大学）から文部科学省研究振興局に「2040年の高等教育に対応しうる大学図書館像を踏まえた大学設置基準の改正の検討について」が提出された。この一連の流れは、文部科学省研究振興局と大学図書館界との密接さを物語るものである。ちなみに、中央教育審議会の質保証部会には、国公私の大学団体（国立大学協会、公立大学協会、日本私立大学連盟、日本私立大学協会、大学改革支援・学位授与機構、公立短期大学協会、私立短期大学協会）が全般的な意見書を提出している。

　学士課程答申をはじめとした一連の大学関係の答申は、中央教育審議会から出されており、これらの答申については、高等教育関係の学会で大きく議論され、大学執行部はじめ多くの教職員に着目されることとなる。一方、大学図書館関係においてもこれらの動向に関連して、科学技術・学術審議会から「大学図書館の整備について（審議のまとめ）－変革する大学にあって求められる大学図書館像－」（2010年12月）や「学修環境充実のための学術情報基盤の整備について（審議まとめ）」（2013年8月）などの重要な審議会文書が公開されるが、大学図書館以外の大学関係者には関心が高くない。大学図書館の管理運営に携わっていない大学関係者においては、中央教育審議会と科学技術・学術審議会は着目度のレベルが異なるのである。

　「大学における大学図書館の現代的位置付け」を象徴的に表している事例を、今回の大学設置基準改正作業において垣間見ることができる。2021年8月4日に開催された質保証システム部会（第10回）に、「委員からの事前提出意見（資

料 3)」として 6 名の委員から資料が提出されたが、うち曄道委員（上智大学長）の提出資料「ポストコロナ時代の大学のあり方　～デジタルを活用した新しい学びの実現～」（2021 年 7 月、日本私立大学連盟）[9] は、大学図書館にとっては、刺激的な内容を伴うものであった。同意見書では、「抜本的に改訂すべき大学設置基準の内容」（p.10）として、大学設置基準から、校舎等施設、校地面積、校舎の面積等の各条文（第 35 条～第 38 条）を削除することが提案されている。第 38 条は「図書等の資料及び図書館」が規定されており、大学図書館には重要な条文である。同文書の公表の約 1 年前の 2020 年 8 月 31 日に開催された質保証システム部会には、日本私立大学連盟提出資料（資料 4）として、「中央教育審議会大学分科会質保証システム部会への意見」が提出され、「施設設備等」や「教員、職員の定義と役割」に関する「大学基準に関する問題点」が列挙されている。しかし、この時は第 38 条の抜本的な見直し等の内容に留まっており、今回のような条文の全面削除までは言及されていない。このことに関連して、2021 年 10 月 21 日に、日本私立大学連盟の Web サイトに、「提言『ポストコロナ時代の大学のあり方』における図書館等の記述について」[10] と題して、今回の提言における図書館に関する記述の経緯について日本図書館情報学会に宛てられた文書（10 月 20 日付）[11] が公開された。同文書は、今回の提言に対する日本図書館情報学会の懸念に対する説明文書であり、Web サイトには「ポストコロナ時代に向け、図書館という場の機能は高度化・多様化する極めて重要な存在であると考えています。また、その機能と合わせ司書の役割は、専門職員として更に大きな意味を持つものであるにも関わらず、現行の大学設置基準の条文では不十分であり、改めてその役割を再定義する必要があると考えています。本提言ではその説明が不十分であったため、日本図書館情報学会に宛て、文書をもって説明いたしました。」[10] と説明文書掲載の経緯が書かれており、先の提言からはトーンが変化している。

　しかし、いずれにせよ今回の私大連盟の提言書にも披歴されたように、「大学における大学図書館の現代的位置付け」は、大学図書館関係者が想定している以上に脆弱なものであることは明らかである。

3.3．大学図書館の役割の確立

　大学基準協会により 1950 年に制定された大学基準は、わずか 11 の条項しかないが、大学図書館は 10 の「施設及び設備」の中に規定されている。さらに 1952 年には、大学図書館に特化した大学図書館基準が制定されており、大学図書館に対する当時の重要性の認識が窺われる。

その後、大学設置基準が1956年に文部省令として定められ、施行された。制定当初の大学設置基準には、大学図書館に関しては、第37条（校舎等施設）、第40条（図書及び学術雑誌）の定めがあり、施設・設備の範囲を超えない規定であった。その後、中央教育審議会の「大学教育の改善について（答申）」(1963)に沿って大学基準等研究協議会が設置され、大学図書館基準の改正協議も同時に行われたが、その精神が具体的に結実するのは、大学設置基準の大綱化（1991年）を待たざるを得ず、その時に、現行の大学図書館の規定（第36条、第38条）が確立することとなる。

大学図書館の役割の確立を再認識するにあたっては、大学設置基準の大綱化に至る前提として1963年に発足した大学基準等研究協議会による一連の議論をあらためて想起することは重要である[12]。大学基準等研究協議会は1965年に「大学設置基準の改善等について（答申）」をまとめ、大学設置基準改善要綱を作成している。大学基準等研究協議会には、総会、一般教育部会、大学通信教育部会、専門分科会（文学、法学、経済学、理学、工学、農学、医学、歯学、薬学、教育学、家政学、体育学、芸術学）と並んで二つの特別部会（単位制度、図書館）が設けられた。大学図書館部会は、大学設置基準の図書館に関する各項についての改善を検討するとともに、大学図書館設置基準要項を作成した。

これらの学問分野や専門分野と並んで、特別部会が設けられ大学図書館の制度やあり方が議論されたことは、当時の大学図書館の存在意義を大きく示唆するものであるともいえよう。

21世紀以降、大学図書館は教育面に焦点をあてるとアクティブ・ラーニングに代表される学習法の変革などの影響を受け、ラーニング・コモンズを設置するなど、転換期に突入した。現代の大学図書館に求められるものは、図書館業務にのみ精通した図書館職員ではなく、情報リテラシー教育などの学習理論にも通じた図書館職員である。情報リテラシー教育のあり方について、「学生にとって必要な情報リテラシーの習得・向上を促進するためには、図書館だけでなく、授業なども含めて、習得・向上の機会が計画的、体系的に用意されなくてはならない」と図書館が学習支援に積極的に関与していくことも強調されている[13]。また、組織論的にいえば大学図書館は大学の各組織と協働・協力し、情報基盤としての役割を高めていくことが強く求められるようになってきている。大学図書館の役割の確立は現代の大学における喫緊の課題である。

【引用・参考文献】

(1) 日本図書館情報学会用語辞典編集委員会編，（2020），『図書館情報学用語辞典』，丸善出版，p.142.

(2) 永田治樹，（2005），「大学評価と図書館評価」，『情報の科学と技術』，55（12），p.541-545.

(3) 高木きよこ，（1966），「大学図書館のあり方 ― 外から見た図書館員 ―」，『図書館雑誌』，60（9），p.10-12.

(4) 伊藤義人，（2005），「大学図書館組織論」，竹内比呂也編，『変わりゆく大学図書館』，勁草書房，p.29-39.

(5) 有川節夫・渡邊由紀子，（2011），「大学図書館職員の育成・確保に向けた新たな取り組み」，『図書館雑誌』，105（11），p.738-740.

(6) 文部省，（1964），『わが国の高等教育：戦後における高等教育の歩み』，大蔵省印刷局.

(7) 文部省大学学術局情報図書館課，（1967），「大学図書館の改善について」，『学術月報』，19（11），p654-657.

(8) 寺崎昌男，（1999），「大学図書館に想う」，『大学教育の創造－歴史・システム・カリキュラム』，p260-264，東信堂.

(9) 日本私立大学連盟，（2021），「ポストコロナ時代の大学のあり方～デジタルを活用した新しい学びの実現」．
　＜ https://www.shidairen.or.jp/files/user/20200803postcorona.pdf ＞（参照 2023.8.26）

(10) 日本私立大学連盟，（2021），「提言『ポストコロナ時代の大学のあり方』における図書館等の記述について」，＜ HP の鑑文＞．
　＜ https://www.shidairen.or.jp/topics_details/id=3412 ＞（参照 2023.8.26）

(11) 日本私立大学連盟，（2021），「提言『ポストコロナ時代の大学のあり方』における図書館等の記述について」，＜本文＞．
　＜ https://www.shidairen.or.jp/files/user/20211021toshokan.pdf ＞（参照 2023.8.26）

(12) 村上孝弘，（2017），「大学基準等研究協議会・図書館特別部会と図書館専門職員：大学設置基準第 38 条第 3 項成立の歴史的背景」，大学基準協会，『大学評価研究』16，p.115-124.

(13) 野末俊比古，（2005），「大学図書館と情報リテラシー教育」，『変わりゆく大学図書館』逸村裕・竹内比呂也編，勁草書房，p.43-57.

第 12 章

大学評価はどこに向かいうるのか
（あとがきにかえて）

西垣　順子

1．日本における大学評価制度の概略

　「まえがき」で述べたように本書は、青年の発達保障と大学評価について、学生とともに考えることを目的にしている。本書の各章は、その目的のために重要と考えられる内容で構成されているが、最後に日本における大学評価制度の概略と課題を説明しておきたいと思う。

　大学評価の作業は、率直にいって地味である。それぞれの大学がどのような自己点検を行い、そしてどのような評価を受けているかは、各大学の web サイトに必ず掲載されている。まずはざっと見て、雰囲気をつかんでみてほしい（真面目に読みだすと眠くなると思うので、最初はざっと見るのが良いと思う）。

1．1．大学評価（自己点検評価と外部評価）と大学ランキングの違い

　各大学はそれぞれが独自の理念や目標を掲げている。そのため大学評価は、個別大学の理念や目標に則して行われるべきである。具体的には、自己点検・自己評価を基本として、学内に「評価委員会」や「評価担当組織」を設置して定期的に自己評価を行い、その結果を「自己点検評価書」にまとめるという作業が繰り返される。ただし、自己点検・自己評価だけでは気づかないことや見落としてしまうこともありうるため、外部からの評価も重要になる。各大学が作成した「自己点検評価書」を外部の評価機関等に提示して、評価を受ける。

　大学評価と混同されがちなものに、大学ランキングがある。冒頭で「大学評価は地味」だと書いたが、大学ランキングはメディアで取り上げられることも多く、目立ちやすい。大学ランキングは民間の会社が実施している。ランキング会社は大学に対して様々な情報提供（学生・教員数、設備、学位取得率、卒業生の就職先など）を求め、自身も様々な調査を行い、それらの情報を総合して各大学の順位付けを行う。この際、何に価値を置いて各大学をランク付けす

るかは、ランキング会社が一律に決定する（だから順位づけができる）。この点が、各大学の目標に則した評価を行う大学評価とは大きく異なる。

1．2．認証評価制度

　日本国内には現在、様々な大学評価と呼べる活動がある。その中でも「認証評価」と呼ばれる評価は、すべての大学・短大が定期的に受審する義務を、学校教育法という法律によって課せられているという意味で、影響力の大きいものである。

　日本の認証評価制度は2004年に始まった。それ以前にも、大学が自発的に学外の評価機関等から評価を受ける仕組みはあったが、全大学に義務付けるようになったのは比較的最近である。新しい大学を作る場合、文部科学省の下で行われる設置審査を通過しなければならない。設置審査の基準は時代とともに変遷しているが、それなりに厳しい審査が行われる。だが設置審査を通過した後の教育研究環境の維持や向上が、各大学の自主性だけに任されていて良いのかという議論もあり、全大学が受審義務を負う認証評価制度が始まった。

　認証評価には、各大学・短大の組織全体を評価する機関別認証評価と、専門職大学院などの特定の教育プログラムを評価するプログラム評価がある。筆者が勤務している大阪公立大学の場合でいうと、機関別認証評価に加えて、専門職大学院である法学研究科法曹養成専攻（いわゆるロースクール）のプログラム評価を受審しなければならない。

　前項で述べたように、大学評価の基本は各大学の自己点検評価であり、この点は認証評価も同様である。各大学は作成した自己点検評価書を、認証評価機関と呼ばれる評価機関に提出して評価を受ける（書面評価と実地調査がある）。認証評価機関とは、文部科学省によって評価機関として認証された組織のことで、2024年現在では4つの認証評価機関がある。

　各評価機関は大学関係者（研究者）に声をかけて、彼女・彼らを評価委員に任命する。通常、認証評価を受審する大学ごとに評価委員会が組織される（各委員は、勤務校や母校などの利害関係がある大学の評価には従事しない）。大学関係者が評価を行うのは、大学という組織が高度な専門性を有するために必要であるということに加えて、学問の自由や大学の自治を守るためにも大変重要である。

２．日本の大学評価制度の課題

２．１．知名度・認知度の不足

　ひとりひとりの人間が生涯にわたって発達をし続ける存在であるように、大学という組織もまた、変化し続けている。学生など個々人の発達と市民社会の発展の両方に寄与しうる大学であるために、適切な自己点検評価を起点とする効果的な大学評価が実施されることは極めて重要と言える。実際のところ、上述の認証評価をはじめとする評価制度に対応するために、各大学は結構な労力を使っている。しかし残念ながら、その存在は一般には知られていないようである。各評価機関が評価結果を出す年度末には、一定数の新聞記事が出たりもするが、写真や映像が出ない地味な活動であり、目立つとは言い難い。

　大学評価が広く知られていないことは、市民社会にとっても大学自身にとっても望ましいことではない。日本の認証評価は上述したように、文部科学省によって認証を受けた評価機関が実施するという仕組みになっている。この点は、大学同士が連携して評価機関を作って評価を行う米国のアクレディテーションと呼ばれる仕組みとは異なっており、大学自治や学問の自由が国家権力によって脅かされる危険を孕んでいる[1]。市民社会が大学評価について無知なままでは、一部の勢力がこの仕組みを利用して、その勢力にとってのみ都合の良い方向に大学を動かすこともできてしまう[2]。また、大学評価と比べて目立ちやすい大学ランキングが独り歩きすることも望ましくない。大学ランキングは、ランキングを行う会社が基準を一律に決めるものであるので、当該の基準に合致しやすい大学のみが高評価を受けることになってしまい、結果的に大学の多様性が損なわれることになりかねない。

　そのようなことにならないためには、学生も含めた市民社会が大学を、誰もが学びたい学問を学べる大学であり続けるようにモニタリングできる必要があり、大学評価は本来、その窓口として機能するべきものである。そのための第一歩として、大学評価の存在が知られるようになる必要がある。

２．２．学生とともに大学が育つために

　大学で勤務する教職員以外の人々が、大学評価に参加する経路は主に２つある。１つは学生として参加することで、もう１つは卒業生代表、卒業生の雇用者代表、大学が所在する自治体で暮らす住民代表などとして、大学の評価委員会などに参加する方法である[3]。

学生による大学評価への参加は世界的には当然のことで、この点において日本は後れを取っていると言える。とはいえ、第4巡目の機関別認証評価では（具体像は不明ながら）それまでに比べて、学生参画が重視されるようになると2024年時点では言われている。但し、学生の参加機会はあれば良いというものではない。実際に多くの国々では、学生に研修を行うなどの工夫をしているし、学生が評価作業に従事する時間をどう確保するかという問題もある。

　とは言え、学生が大学を適切に評価する力を身につけるということは、学生が「大学とは何か」という問題について認識を深めるということであり、自分と仲間の学ぶ権利についての意識を新たにするということでもある。そして学生達からの声と真摯に向き合うことを通じて、大学もまた育っていくことができると考えられる。どのような形の学生参画を大学評価において実現していくのかは、大学評価の今後を考える上で非常に重要な課題である。

3．学生の発達保障を基軸とした大学評価とは？

3．1．学生の発達保障と大学評価の基準

　本書を編集した大学評価学会は、2005年の設立時に「もう1つの大学評価宣言」を発出し、学生の発達保障が大学評価の基軸におかれなければならないとした。学生の発達する権利とその保障については、本書の各章でそれぞれの角度から論じてきた。これらの事柄が、大学評価の基準にしっかりと置かれる必要がある。また本書では取り上げられなかったが、ジェンダー平等や障がい学生支援なども、重要な評価基準になるべきである。

　現在の日本で行われている認証評価をはじめとする各種大学評価の基準が、学生の発達保障をどの程度まで基軸に置いているのかについての評価は、読者の皆さんに委ねたいと思う。ただ、学生や若者というのは一般に強い力を持たない存在であるがゆえに、注意深いモニタリングと要求がなければ、その発達保障は蔑ろにされやすいということは述べておきたい。

3．2．日本社会における大学のユニバーサル化について

　学生の発達保障を基軸にした大学評価を追求する上では、大学進学率の上昇についての意識的で多角的な理解が欠かせない。進学率が上昇していく背景には、子ども・若者の学ぶ権利の保障という側面と、経済・産業界からの要請（大学レベルの教育を必要とする職業の増加など）の両方がある[4]。大事なことは、

第 12 章　大学評価はどこに向かいうるのか　― あとがきにかえて

進学率上昇の恩恵は学生個人だけではなく、社会全体が負っているということである。例えば看護師になる人はかつて、4年制大学に進学することはほぼなかった。現在は状況が大きく変わり、私たちはかつてよりも高いレベルの医療・看護を受けることができる。

　トロウという教育社会学者は、高等教育進学率が15〜50％の場合を大衆化、50％を超えた場合をユニバーサル化と呼び、進学率の上昇に伴って大学のあり方そのものが大きく変わると説明した（トロウ・モデル）[5]。かつて大学は、学業が得意な学生のみを相手にしていた。しかし「いわゆるの学業」が得意ではなくても学ぶことになんらかの形で意欲を持つ人々はいて、ユニバーサル化段階に入った社会における大学は、彼女・彼らのニーズにこたえることができる大学へと変化しなければならない。

　進学率の上昇という現象は同じでも、その背景は国によって異なる。例えば、1960年代と2000年代という同じ時期に大学進学率が上昇した日本と英国では、大学政策が次のように異なっていた[6]。英国は社会における大学教育・高等教育需要に応えるために、大学の数を単に増やしたのではなく、家庭的事情などで進学から遠ざけられていた人々の学ぶ権利を「補償」するという姿勢を打ち出した。他方で日本は、特に2000年代の少子化進行に伴って、大学定員の空きを「補填」する形で進学率が上昇した。進学率の高い社会を創ることの目的や利点を自覚しないままだったのである。

　青年の多くが大学等の高等教育機関に進学し、彼女・彼らのニーズに則した教育を受けることができることは、社会全体にとっての利益でもある。ただし社会や大学のあり方が昔のままで、進学率だけが上昇したのでは、個人のニーズは満たされないし、社会の利益にもなりづらい。上述のトロウ・モデルによれば、大衆化、ユニバーサル化と進むにつれて、学生の学びへの姿勢や大学の授業のあり方はもちろん、大学進学の方法も変化する。例えば、現在の日本では高校を卒業してすぐに大学等に進学するケースがほとんどだが、学びたいという要求のあらわれ方は、実際には多様である。労働の場に身を置いてから大学に進学するほうが合っている人もいる。実際に欧米の大学には、日本でいうところの社会人学生が多くいるし、そのような変化をトロウも予言していた。

　このように考えると、大学・高等教育のユニバーサル化に対応して各大学等が変化していくためには、労働環境も含めた社会全体の変化が必要と言える。そしてそれが実現してこそ、青年の学ぶ権利の保障が実現するという面もあるだろう。大がかりなことではあるが、だからこそ多くの人が、大学や大学制度、評価制度に関心を持つことが重要と言えるのではないだろうか。

４．大学・大学評価への幅広い参加と対話を

　ここまでに述べてきたように、日本の大学評価をめぐっては、真剣な議論を要する課題がたくさんある。そしてその議論には、学生も含めた幅広い関係者が参加することが重要と思われる。

　大学教育もふくめて教育は、個人の発達に重要な役割を果たすと同時に、社会における抑圧や差別を再生産してきたという歴史も併せ持っている。大学はその歴史を克服していく責務を負っていて、かつてはエリート養成機関であった大学が、青年期教育機関として生まれ変わらなければならないのもその一例と言えるだろう。また問題は大学の中にのみあるのではなく、大学を取り巻く社会や制度もまた、青年の学ぶ権利、発達する権利の保障という観点から見直されて行かなければならないだろう。

　ユネスコ（UNESCO：国連教育科学文化機関）の教育の未来委員会は2021年に出した報告書「私たちの未来を共に再想像する：教育のための新たな社会契約」[7]において、教育現場にも存在する不当な抑圧や差別が克服されるには、教育が公費によって整備されるだけでは不十分であり、「良い教育とは何か」に関する議論に誰もが参加できなければならないとしている。大学評価に学生や市民が広く参加し、大学とは何で、どのような大学が必要であるのかを考えていくこともその１つと考えられよう。

　大学がこれからの人々に必要とされ続け、学生や市民社会とともに育ち続けていくために、大学とは何でそれをどう評価するかについての対話を、学生と研究者、市民社会の人々が継続していく、そのための一助に本書がなれば幸いである。

【注釈】

(1) こちらの報告の中での早田幸政氏の発言を参照.
　西垣順子「課題研究Ⅱ　学ぶ権利の実質を保障しうる大学評価のあり方を探る (1)」，『現代社会と大学評価』第 17 号，pp.64-74，2021 年.
(2) いわゆる文系学部を国立大学から廃止する方向で組織改組を進めるように示唆する通知が 2015 年になされたこともある. 詳細は, 光本滋『危機に立つ国立大学』(クロ

スカルチャー出版，2015 年）を参照．

(3) 例えば認証評価機関の 1 つである大学教育質保証評価センターでは，実地調査の際に評価審査会と呼ばれる会を開催し，大学の教員職員，学生，卒業生，地域住民などが参加して，当該大学が行っている特徴的なプログラムの成果等についての議論を行っている．

(4) 渡部昭男『能力・貧困から必要・幸福追求へ ── 若者と社会の未来をひらく教育無償化 ─』，（日本標準ブックレット，2019 年）．

(5) M.トロウ／喜多村和之『高度情報社会の大学：マスからユニバーサルへ』，（玉川大学出版，2000 年）．

(6) 吉田文「高等教育の拡大と学生の多様化：日本における問題の論じられ方」，『高等教育研究』第 21 集，pp.11-37，2018 年．

(7) ユネスコの web サイト，
（https://unesdoc.unesco.org/ark:/48223/pf0000379707）に全文が掲載されている他，2024 年現在，日本語訳を出版する準備が進められているとのことである．英文タイトルは Reimagining Our Futures Together: A new social contract for education である．

執筆者紹介

西垣　順子[※]：大阪公立大学教授（まえがき、第 1 章、第 12 章）

中山　弘之　：愛知教育大学准教授（第 2 章）

瀧本　知加　：京都府立大学准教授（第 3 章）

米津　直希[※]：南山大学准教授（第 4 章）

石井　拓児　：名古屋大学教授（第 5 章）

西川　　治　：神奈川総合法律事務所　弁護士（第 6 章）

川口　洋誉　：愛知工業大学准教授（第 7 章）

白波瀬正人　：学校法人野田鎌田学園あずさ第一高等学校校長（第 8 章）

小池由美子　：大東文化大学特任教授（第 9 章）

安東　正玄　：立命館大学職員（第 10 章）

村上　孝弘　：龍谷大学職員、京都女子大学・四国大学非常勤講師（第 11 章）

　　　　　　　　　　　　　　　　　（肩書は出版時のものである）

※大学評価学会・シリーズ「大学評価を考える」第 9 巻編集委員会

大学評価学会連絡先

〈学会事務局〉

〒612-8577　京都市伏見区深草塚本町67

　　　　　　龍谷大学経営学部　　細川　孝 研究室　気付

Tel/Fax　　075-645-8634　（細川）

Eメール　　hosokawa@biz.ryukoku.ac.jp

〈学会URL〉http://www.unive.jp/

郵便振替口座番号　00950-4-296005（名称：大学評価学会）

大学評価学会・シリーズ「大学評価を考える」第9巻

学生と考えたい「青年の発達保障」と大学評価

2024年9月20日 発行　　定価 1,650円（本体 1,500円＋税10％）

編　集　　シリーズ「大学評価を考える」第9巻編集委員会

発　行　　大学評価学会

発　売　　株式会社 晃洋書房

　　　　　郵便番号　615-0026　京都市右京区西院北矢掛町7

　　　　　電　話　075（312）0788　FAX 075（312）7447

　　　　　振替口座　01040-6-32280

ISBN 978-4-7710-3888-2

濱 貴子 著　■7370円

職業婦人の歴史社会学

戦前期に、企業・公官庁・学校・病院・百貨店などで働く女性を対象に、その実態に関する計量分析を行い、中流女性と職業をめぐるジェンダー秩序の形成と変容を明らかにする。

前田 麦穂 著　■4180円

戦後日本の教員採用

― 試験はなぜ始まり普及したのか ―

教員採用に関する考察と、戦後初期の教員採用に関する実証的な研究を行い、「教員採用試験」改革の実態に迫る。

林 美輝 著　■3080円

語り（ナラティヴ）を生きる

― ある「障害」者解放運動を通じた若者たちの学び ―

森修と「障害」者解放運動に関わっていた人びとを通じて、「語り」がもたらす学びと生きることの意味を問い直す。そこから見えてくるものは、福祉を地域化し、顔の見える関係が深まり、いきいきと暮らす当事者の思いである。

堀川 祐里 著　■4950円

戦時期日本の働く女たち

― ジェンダー平等な労働環境を目指して ―

戦時下における歴史的・実証的研究を通じ、現代社会が直面している女性労働者の稼得労働と妊娠、出産、育児に関する課題を明示する。

寺田 征也 著　■6160円

「社会学」としての鶴見俊輔

―「記号の社会学」の構想と意味の多元性 ―

鶴見俊輔の思想を、他者からの評価、プラグマティズム、大衆文化などの視点から紐解き、「記号の意味の『共通性』と『個別性』」の視点から再検討を試みる。

圓生 和之 著　■4180円

地方公務員給与

― 21世紀の検証 ―

21世紀にはいり、「地方分権改革」、「公務員制度改革」が進められ、大きく変貌した地方公務員の人事・給与制度を検証。

晃 洋 書 房

〒615-0026 京都市右京区西院北矢掛町7番地

電話075-312-0788　FAX 075-312-7447　〈価格は税込〉